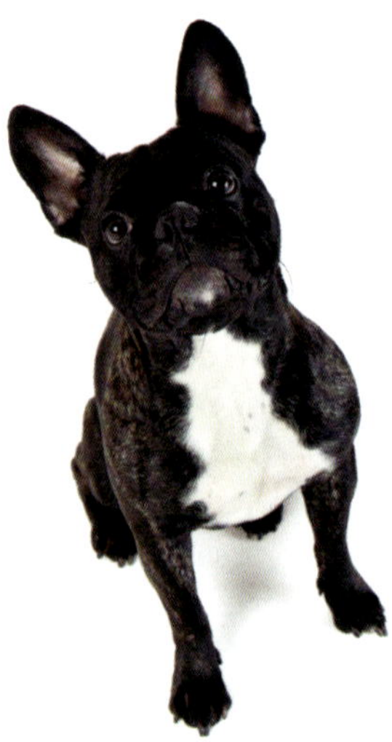

Sylvie Rasch

CraSy MOSAIK
Tücher häkeln

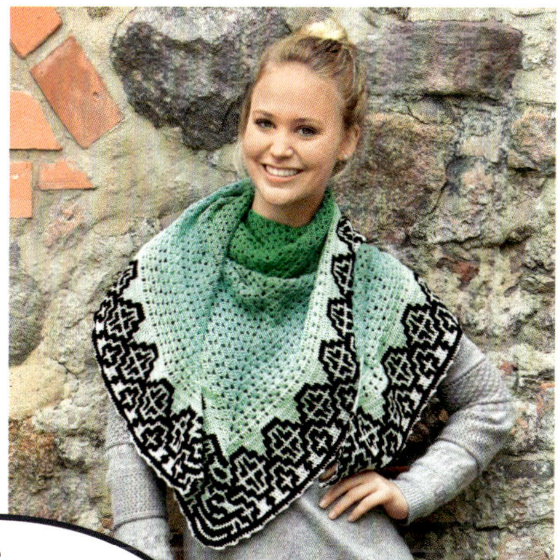

Mit **TRAGE-GUIDE** & **ONLINE-VIDEOS** zur Relief-Mosaiktechnik

CV

INHALT

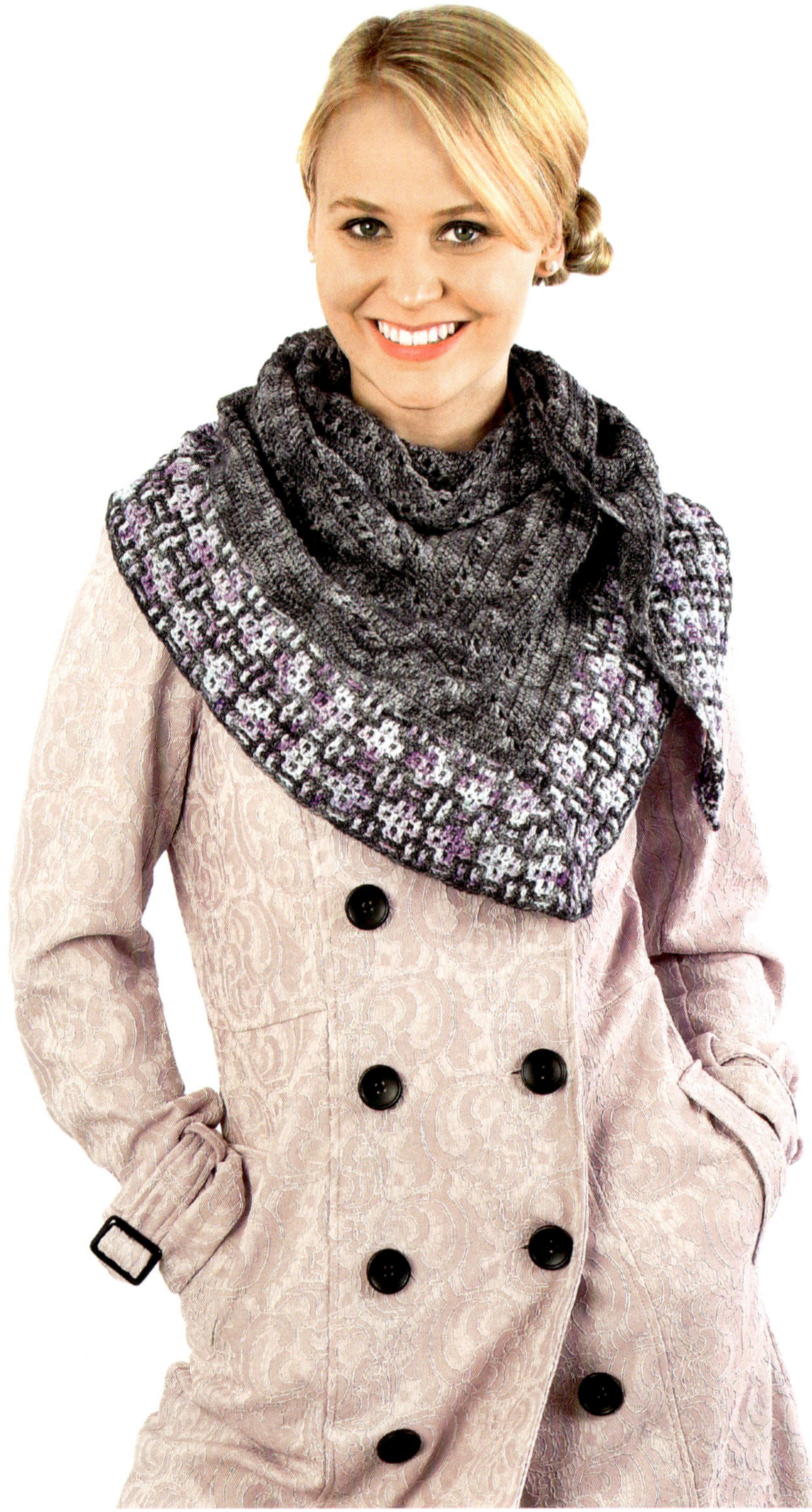

NEUE MOSAIK-MASCHEN

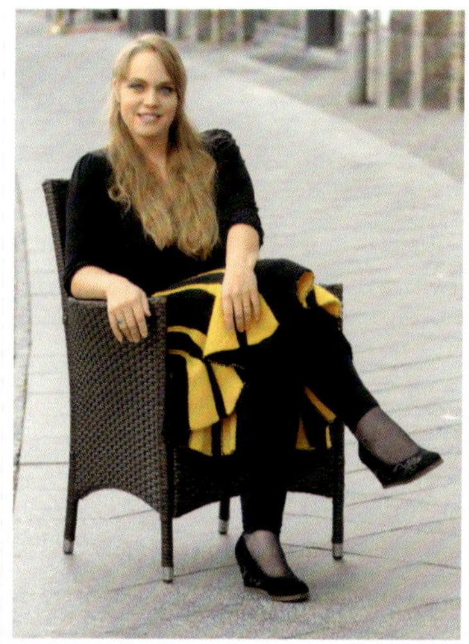

Mosaik-Handarbeiten haben viele Gesichter, eins bleibt allen gleich – es wird immer nur mit einer Farbe pro Reihe gearbeitet. Dadurch ergeben sich zweifarbige Muster wie von Zauberhand.

In diesem Buch möchte ich Euch in das Relief-Mosaik einführen, das lässt sich sowohl klassisch als auch tunesisch häkeln. So kann jeder selbst entscheiden, welcher Technik er am liebsten frönt oder ob er beide einsetzt. Denn alle Tücher bieten die Möglichkeit, die Techniken zu kombinieren: So kann zum Beispiel die Innenfläche klassisch gehäkelt und mit tunesischer Musterkante ergänzt werden oder umgekehrt.

Wer mich kennt, der weiß, dass ich ein großer Freund von Unikaten bin, daher findet sich bei jedem Tuch ein kleiner Abschnitt mit der Überschrift „Raum für Individualität". Hier zeige ich Varianten, die das neue Lieblingstuch zum absoluten Einzelstück werden lassen. Also Nadeln in die Hand, erst mal alle Techniken ausprobieren und sich für die Lieblingsvariante entscheiden.

Eure
CraSy Sylvie

DANKE

Natürlich wäre dieses Buch ohne die Mithilfe vieler, fleißiger Hände nicht möglich gewesen. Daher möchte ich kurz die Menschen erwähnen, die mit mir gehäkelt, geschwitzt, gelacht und sich das Hirn verbogen haben. Lieben Dank an Bri, Bridget, Miki, Ann, Kati, Helga, Christina, Romy, Conny, Inga und natürlich an meine Mama, die beste der Welt, die nicht nur mithäkelt, sondern auch in den Kreativphasen mitleidet ;). Danke auch, liebe Jasmin, für die wundervolle Zuarbeit und Hilfe und den Ausgleich zu meinem kreativen Chaos. Antonia, mein Lieblingsmodel, darf man nicht vergessen. Und last but not least, Manja, die meine Werke immer wieder bezaubernd in Szene setzt und ins rechte Licht rückt – sie ist nicht nur eine hervorragende Fotografin, sondern auch liebe Freundin.

DAS RICHTIGE MATERIAL

Bevor es mit den Mustern losgeht, möchte ich kurz auf deine Nadeln eingehen, denn es ist entscheidend, dass du hier mit dem richtigen „Werkzeug" arbeitest, damit du auch beim Häkeln maximale Freude hast.
Bei klassischen Häkelnadeln solltest du darauf achten, dass das Köpfchen schön spitz zuläuft und nicht zu rund ist. Denn nur so kannst du gut in die Maschen einstechen, auch wenn es mal eng wird.

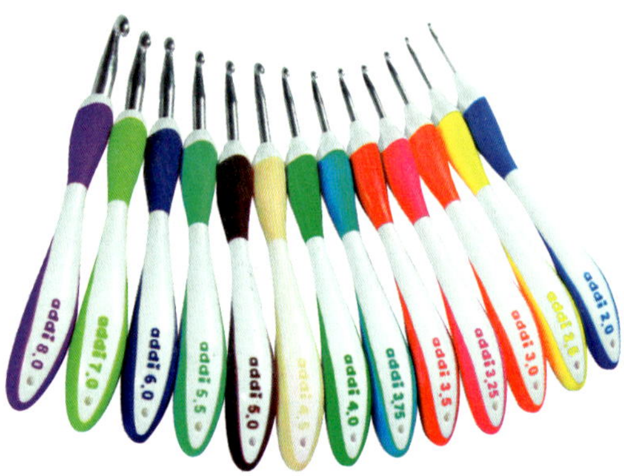

Für die tunesischen Werke empfehle ich dir unbedingt eine tunesische Häkelnadel mit einem Seil, denn auf den Stäben wird es mit zunehmender Maschenzahl schnell zu eng, und bei spitz zulaufendem Musterverlauf wird es schwierig, nach der Spitze gleichmäßig weiterzuhäkeln. Achte auch hierbei darauf, dass du Nadeln hast, die vorn am Köpfchen schön spitz sind, damit sie gut in die Maschen gleiten.

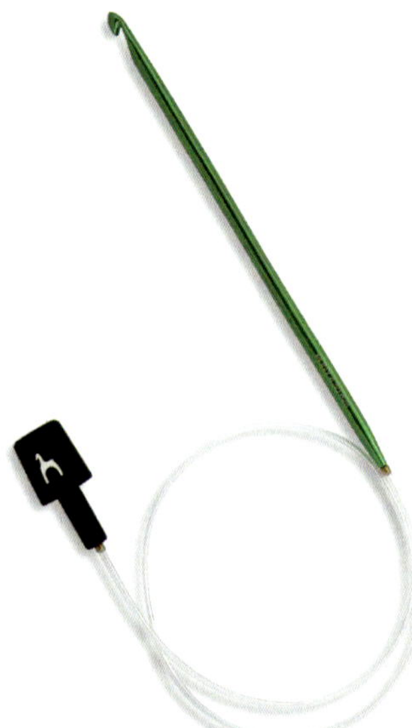

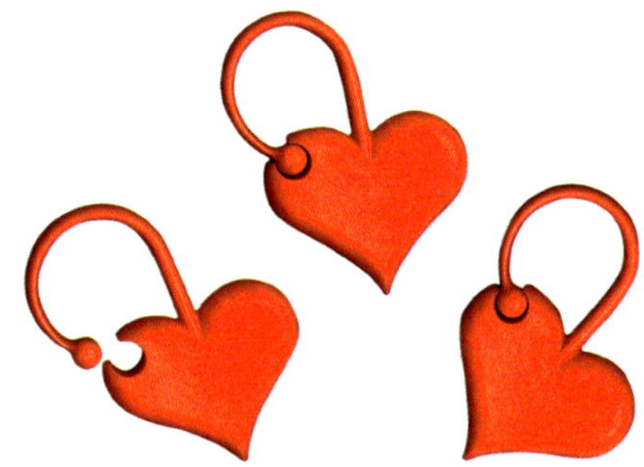

Außerdem brauchst du Maschenmarkierer. Diese sollten zum Öffnen und Schließen sein, denn sonst bleiben sie für immer in deinem Tuch - das kann sehr apart wirken, ist aber nicht wirklich im Sinne des Erfinders. Wenn du keine passenden Maschenmarkierer findest, tut es eine ganz herkömmliche Büroklammer oder auch eine Sicherheitsnadel. Bei Letzterer solltest du darauf achten, sie gut zu verschließen, wir wollen ja keine Verletzungen.

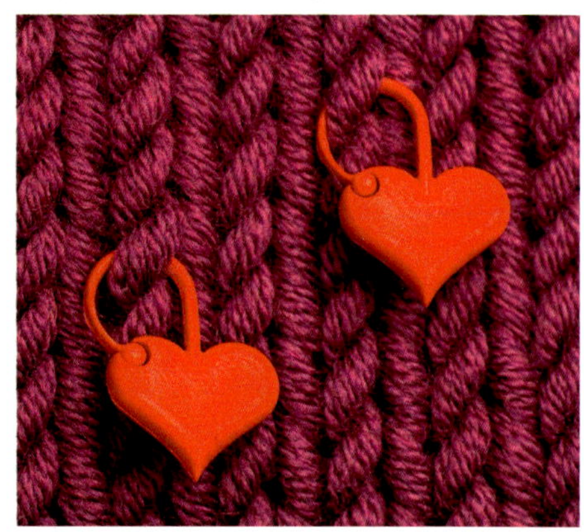

RELIEF-MOSAIK

Relief-Mosaike kannst du sowohl klassisch als auch tunesisch häkeln. Du arbeitest dabei immer nur mit einer Farbe und einem Faden pro Reihe. Die Muster entstehen allein durch Überlagerung und tiefer gesetzte Stäbchen, welche eine Verbindung zwischen gleichen Farbreihen schaffen.
Anders als beim Mosaik-Stricken kannst du hier sogar mehrere Maschen nebeneinander überlagern, denn es gibt keine Spannfäden. Das Relief-Mosaik bildet auf der Rückseite der Arbeit lediglich ein Streifenmuster, sodass Vorder- und Rückseite deines Tuches gut aussehen.

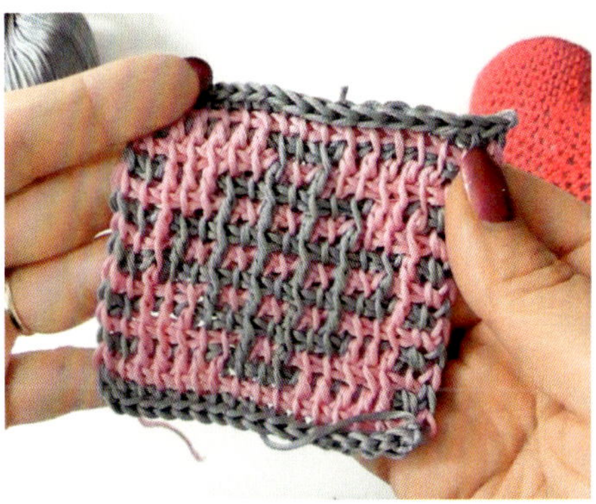

Beim tunesischen Häkeln hast du nur eine Möglichkeit der Muster-Umsetzung. Beim klassischen Häkeln dagegen kannst du das gleiche Muster in 3 Varianten arbeiten, je nachdem, ob du es lieber glatter, strukturierter oder proportionaler möchtest. Schauen wir uns doch alle Möglichkeiten einmal an.

DAS TUNESISCHE MOSAIK

Fangen wir zuerst mit dem tunesischen Mosaik an, es ist von allen Relief-Mosaiken am einfachsten zu arbeiten. Alles, was du hierfür können musst, sind der Grundstich und Stäbchen.
Ich sollte vorausschicken, dass bei der tunesische Häkelei jede Reihe eigentlich aus 2 Arbeitsschritten besteht: aus der sogenannten Hinreihe, in der die Schlaufen aufgenommen werden, und – ohne zu wenden – aus der Rückreihe, in der die Schlaufen abgehäkelt werden. Diese beiden Arbeitsschritte werden der Einfachheit halber aber nur als eine Reihe gezählt, weil sie untrennbar zusammengehören und immer in einer Farbe gehäkelt werden. Sie sind auch in den Musterzeichnungen nur als eine Reihe dargestellt. Der Farbwechsel findet dabei immer am Ende einer Rückreihe statt, indem die letzte Schlaufe schon mit der neuen Farbe abgemascht wird.
WICHTIG: Dabei die Fäden NICHT kreuzen.

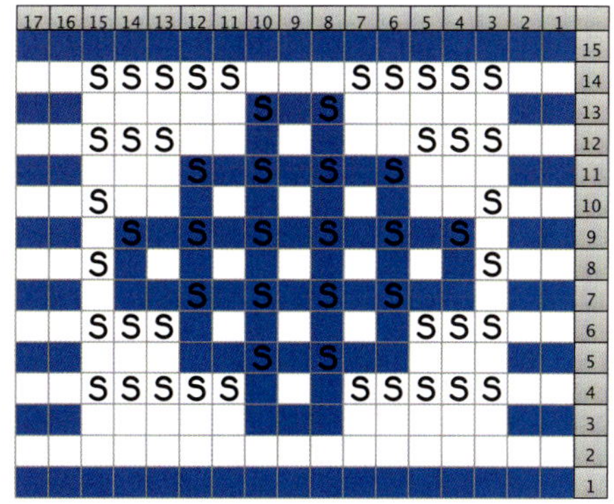

Wie schon erwähnt, funktioniert das Relief-Mosaik durch Überlagerung. Daher „hinkt" das Muster im Erscheinungsbild immer eine Reihe hinterher. Das heißt, während du Reihe 3 häkelst, bildest du das Muster von Reihe 2 – klingt kompliziert? Ist es aber nicht. Schauen wir uns dazu unser Musterbeispiel an. Es wird immer eine Reihe mit einer Farbe gehäkelt, dann wird die Farbe gewechselt, so entsteht ein Streifenmuster. Um nun eine Masche in einer blauen Reihe weiß zu machen, muss eine Verbindungsmasche von der weißen Farbreihe, die gerade in Arbeit ist, in die darunterliegende weiße Farbreihe gehäkelt werden.
Das geschieht, indem wir an dieser Stelle ein Stäbchen in die weiße Reihe unter der blauen Reihe arbeiten. Du legst also einen Umschlag auf die Nadel

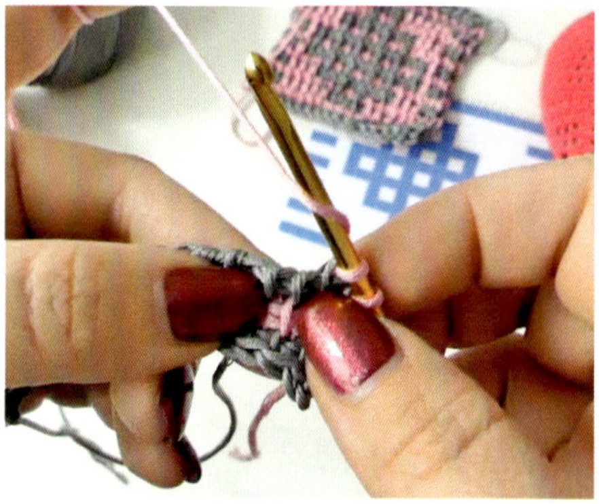

und stichst in den senkrechten weißen Steg aus der gleichfarbigen Reihe darunter ein, genau unter der Masche, in die wir jetzt eigentlich hinein müssten;

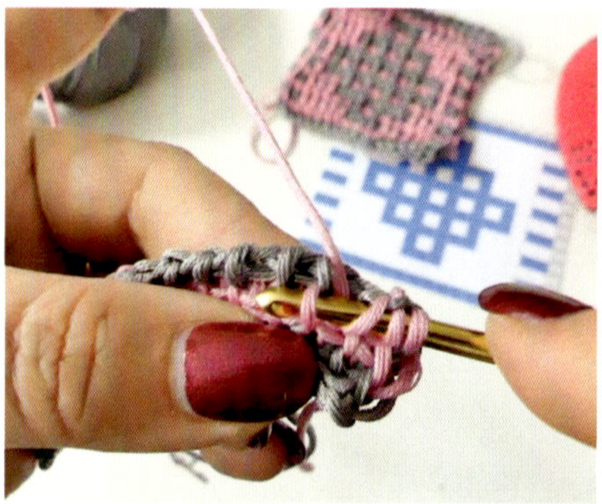

dort holst du eine Schlaufe,

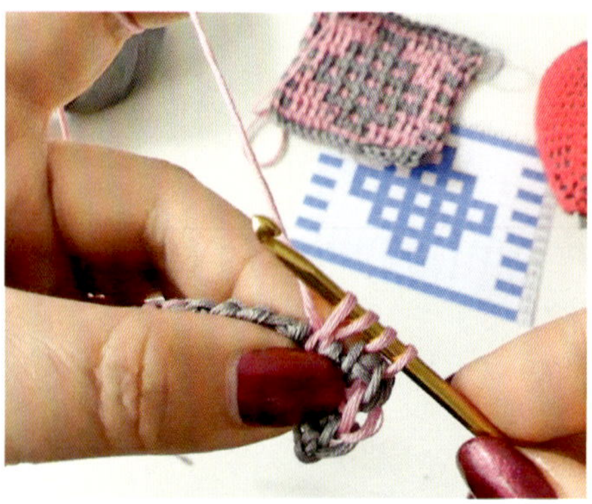

holst den Faden erneut und ziehst ihn durch die Schlaufe und den Umschlag.

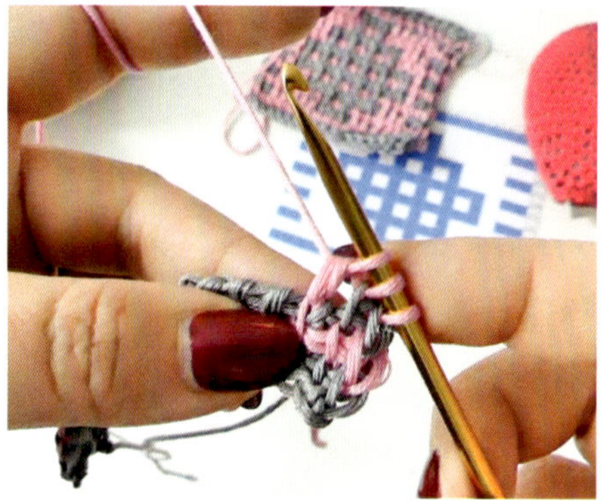

Du hast nun also ein Stäbchen in Weiß gearbeitet, das die blaue Reihe überlagert und damit aus der blauen Masche eine weiße macht.

Das Ganze passiert natürlich genauso, wenn du in einer blauen Reihe eine weiße Masche brauchst: Du arbeitest in einer blauen Reihe ein blaues Stäbchen zur Überlagerung der weißen Masche in die darunterliegende blaue Reihe. Um das zu verdeutlichen, habe ich dir einmal die Stäbchen in die Musterschrift auf Seite 11 eingezeichnet. Du siehst also, das Muster wird erst durch die tiefer gestochenen Stäbchen sichtbar. Dadurch ergibt sich auch, dass die vorletzte Reihe, welche nachher eigentlich ungemustert erscheint, nun das Muster von Reihe 13 komplettieren muss.

Schau Dir das auch gern noch mal im Video an.

www.crasy.world/reliefmosaik

DAS KLASSISCHE RELIEF-MOSAIK

Bei der klassischen Häkelei hast du 3 Möglichkeiten, ein Mosaik zu schaffen. Dabei kannst du nach deinem persönlichen Geschmack variieren.

1. Die strukturierte Variante

Bei dieser Variante des Relief-Mosaiks arbeitest du nur mit festen Maschen. Und zwar häkelst du erst eine Hinreihe, dann wendest du mit einer Luftmasche und arbeitest die anschließende Rückreihe in derselben Farbe, dabei beendest du die letzte Masche bereits mit der neuen Farbe. Mit einer Luftmasche wenden, dann mit der neuen Farbe weiterarbeiten. In den Hinreihen wird gemustert, deshalb erscheinen die Hinreihen in der Musterschrift. In den Rückreihen werden nur feste Maschen gehäkelt.

WICHTIG: In Hin- und Rückreihen häkelst du deine festen Maschen immer nur in das hintere Maschenglied.

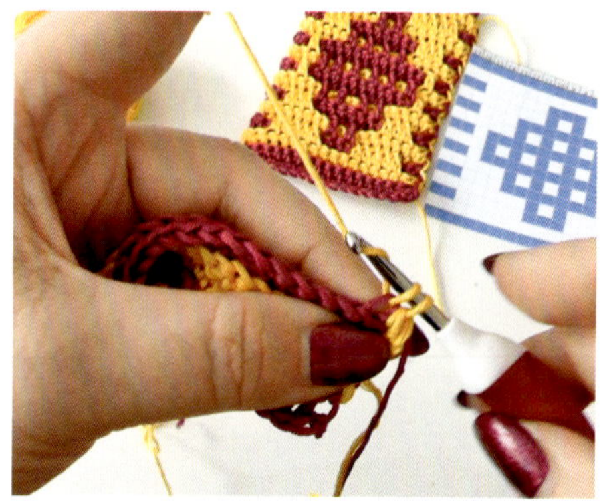

Die Stäbchen zur Überlagerung werden jedoch in den Hinreihen in das vordere Maschenglied der darunterliegenden gleichfarbigen Reihe gehäkelt, denn das ist ja frei zum Einstechen.

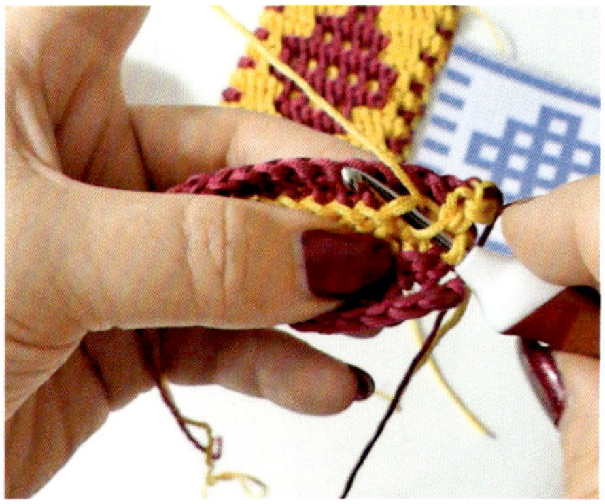

Du siehst, die Musterbildung funktioniert ganz genau wie beim tunesischen Häkeln: Du bildest also immer in der aktuellen Reihe die Mustermaschen aus der vorherigen Reihe. Drücken wir das in einer Musterschrift aus, so sieht das also so aus:

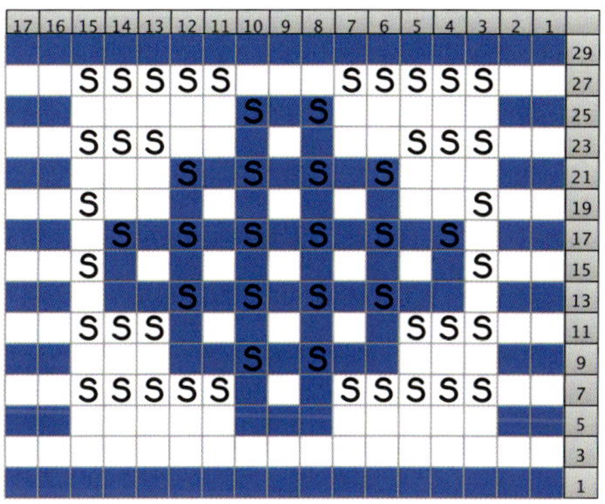

Die Stäbchen sind hier auch so gelagert wie bei allen anderen Mosaikvarianten. Der einzige Unterschied: Die Musterschrift zeigt – wie oben erwähnt – nur die Hinreihen. Daraus ergibt sich am Ende das gleiche Bild in der Musterschrift, es werden jedoch doppelt so viele Reihen gearbeitet.

2. Die glatte Variante

Diese Variante des Relief-Mosaiks bildet ebenfalls dein Muster ab, erscheint aber viel glatter und ebener als in der strukturierten Variante. Die Musterbildung funktioniert genau wie zuvor beschrieben durch Überlagerung und es wird ebenfalls stets eine Hin- und Rückreihe in derselben Farbe mit festen Maschen gehäkelt. Auch hier wird in den Hinreihen gemustert, in den Rückreihen werden einfach nur feste Maschen gehäkelt. Damit das Muster schön glatt bleibt, häkelst du hier jedoch die festen Maschen und die Musterstäbchen immer durch beide Maschenglieder. Damit du später dann auch die tiefgestochenen Stäbchen arbeiten kannst, musst du an den entsprechenden Stellen einen Platz frei lassen, damit du sie einstechen kannst. Dabei bilden jeweils eine oder mehrere Luftmaschen den „Platzhalter". Mit diesen übergehst du die Masche(n), die du später als Einstichstelle(n) benötigst.

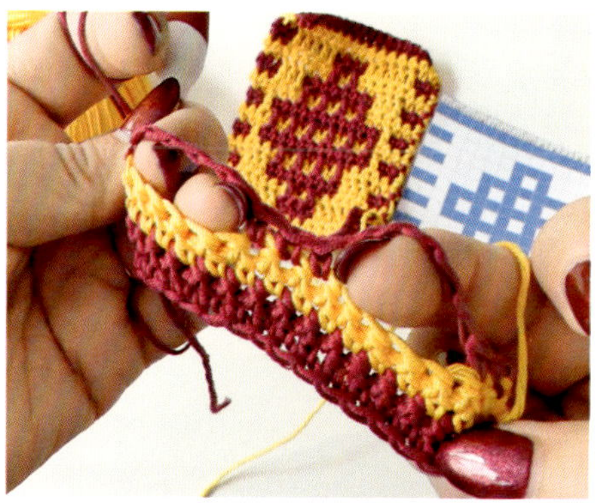

In diese übergangene Masche kannst du nun also in der nächsten Hinreihe dein Stäbchen arbeiten. Achte darauf, dass das Stäbchen komplett auf der Vorderseite, also vor der Arbeit liegt, das heißt, der Arbeitsfaden wird vor der Arbeit zum Abmaschen des Stäbchens geholt.

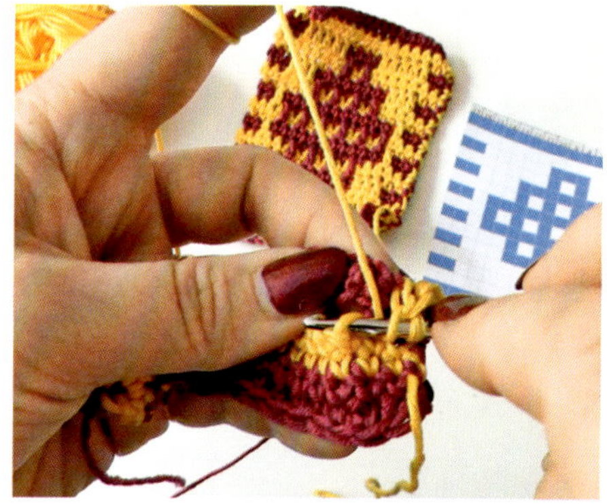

Das heißt allerdings auch, dass du dein Muster in 2 Richtungen lesen musst. In der aktuellen Reihe, in welcher du dich befindest, musst du deine Luftmaschen machen und in der nächsten Hinreihe komplettierst du dann das Muster durch Stäbchen. Schauen wir uns das konkret für unser Musterbeispiel an. Es sind auch hier in der Musterschrift nur die Hinreihen gezeichnet, in den Rückreihen wird jede feste Masche, jedes Stäbchen und jede Luftmasche mit einer festen Masche behäkelt. Achte hierbei darauf, auch wirklich in jede Luftmasche eine feste Masche zu arbeiten, die erste und letzte Luftmasche ziehen sich gern sehr klein und werden daher oft übersehen. Wenn ich dir diese Luftmaschen in der Musterschrift einzeichne, dann sieht das nun so aus:

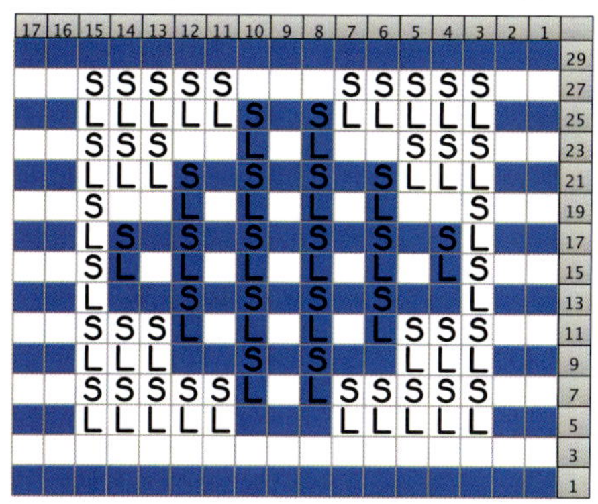

Du siehst also, zu jedem tiefergestochenen oder „überlagernden" Stäbchen gehört eine darunterliegende Luftmasche. Diese Variante bildet Streifen mit kleinen Laschen auf der Rückseite,

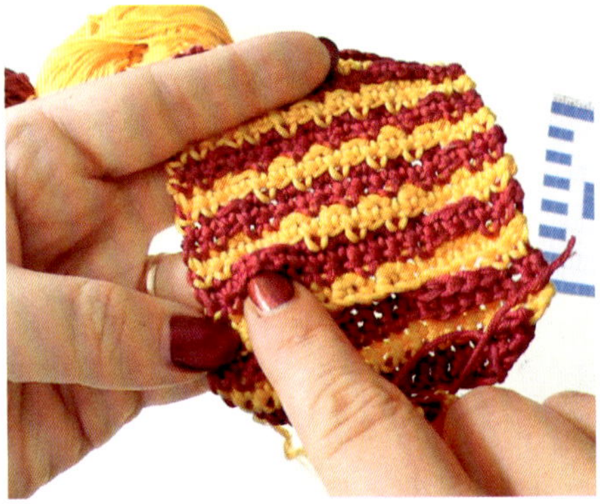

denn du hast ja die Streifen aus den übergangenen Maschen auf der Rückseite frei liegen.

Die Kombination

Natürlich kannst du auch die strukturierte und glatte Variante kombinieren, das heißt, du hast den glatten Effekt, jedoch ohne die Laschen auf der Rückseite (siehe rechte Maschenprobe).
Das machst du wie folgt: Du stichst jeweils in beide Maschenglieder ein, nur anstelle der Luftmaschen arbeitest du eine feste Masche nur in das hintere Maschenglied. Damit bleibt das vordere Maschenglied frei, und du kannst in der folgenden Hinreihe dein Stäbchen dann in das vordere freie Maschenglied einstechen.

3. Die kompakte Variante

Auch hier wird nur mit festen Maschen gearbeitet. Allerdings häkelst du für jede Musterreihe nur eine Reihe feste Maschen. Das heißt, dass du sowohl die Hinreihe einmal in Farbe A häkelst und danach wieder zurück gehst zum Anfang und noch eine Hinreihe in Farbe B häkelst. Danach wird die Arbeit gewendet und du häkelst eine Rückreihe in Farbe A und eine Rückreihe in Farbe B. Hierbei wird sowohl in der Hinreihe, als auch in der Rückreihe gemustert. Das erfordert schon ein wenig Übersicht und „Zählarbeit".
Denn: In den Hinreihen werden die festen Maschen immer in das hintere Maschenglied eingestochen, die Musterstäbchen setzt du dabei in die vorderen Maschenglieder. In den Rückreihen häkelst du die festen Maschen in die vorderen Maschenglieder und die Stäbchen in die hinteren Maschenglieder.
Da du dein Muster sowohl in der Hinreihe, als auch in der Rückreihe arbeitest, musst du in den Hinreihen die Stäbchen komplett vor der Arbeit,

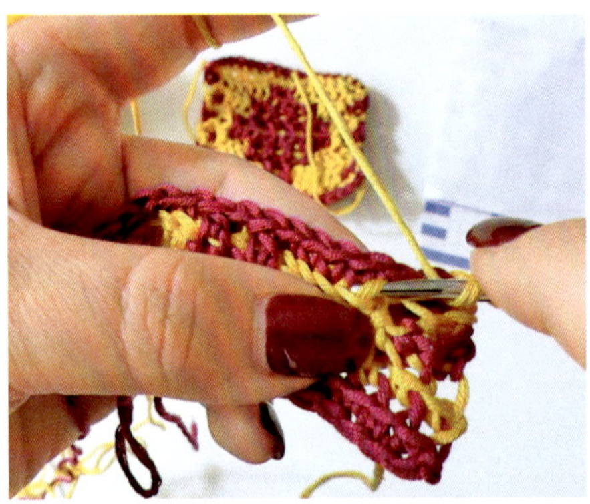

in den Rückreihen komplett hinter der Arbeit arbeiten,

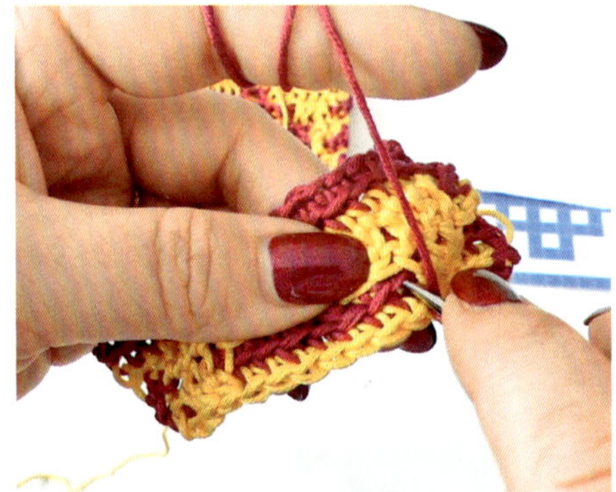

also auf der von dir abgewandten Seite. Das heißt: Alle Stäbchen erscheinen später auf der Vorderseite.

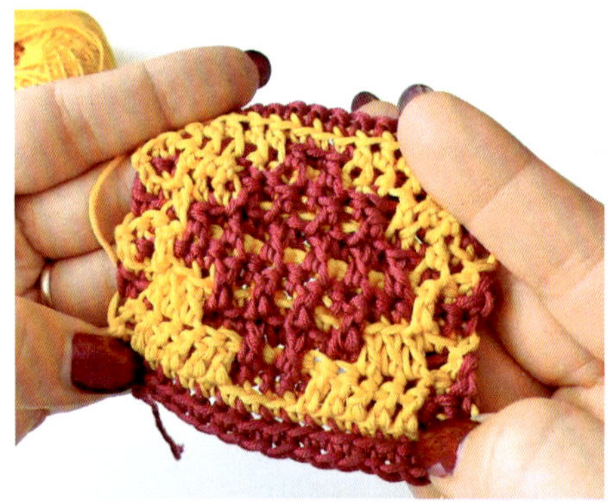

Zeichne ich das in unserer Musterschrift ein, so sieht diese so aus (R = Stäbchen hinter der Arbeit; V = Stäbchen vor der Arbeit).

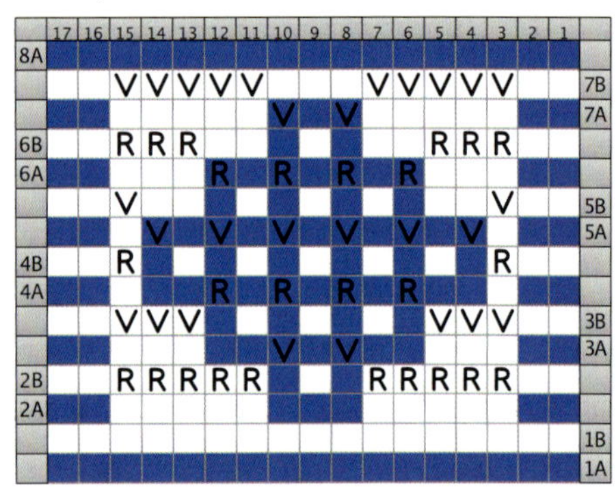

Für welche der Technik-Varianten du dich entscheidest, kannst du selbst nach deinem Können und deinem Geschmack wählen. Ich habe dir bei den folgenden Tüchern jeweils die Stäbchen durch ein S in deiner Musterschrift eingezeichnet. Zu allen Techniken habe ich dir außerdem Videos gemacht, in denen ich die Technik noch mal im Detail zeige. Du findest sie unter:
www.crasy.world/reliefmosaik

Bevor wir aber mit dem Häkeln der Tücher beginnen, hier noch ein paar Worte zu essentiellen Dingen.

DIE MASCHENPROBE

Maschenproben sind bei Tüchern nicht ganz so vorrangig wie bei Bekleidung. Trotzdem habe ich zur Orientierung Maschenproben angegeben, diese beziehen sich jeweils auf die festen Maschen und das Mosaikmuster. Sie helfen dir einzuschätzen, zum Beispiel wenn du ein anderes Garn nimmst, ob das Muster bei dir größer oder kleiner wird. Generell hat das Ändern des Garns bei Tüchern Auswirkungen auf die Größe und die Breite der Musterkante. Ich empfehle dir deshalb, das Mosaikmuster des Tuches vorab als kleine Maschenprobe zu arbeiten. Dabei siehst du, ob die Nadelstärke passt und ob das Muster gut raus kommt. Gleichzeitig ist es eine gute Übung und Einstimmung auf das nachfolgende Tuch. Übrigens: Die Musterprobe ist auch nicht vergeudet – ganz im Sinne des Mosaiks, kannst du alle deine Musterproben sammeln und später zusammennähen – zu einer schicken Tablet-Hülle, einem Kissenbezug, oder wenn es mehr sind, sogar zu einer ganze Decke – CraSy, oder?

DIE SPANNWEITE

Die Spannweite deines Tuches ist die Linie, die später am Hals anliegt. In der Regel ist es auch die Kante, an der du zunimmst, denn sie wird immer am weitesten. Damit dein Tuch später groß genug ist und schön um den Hals fällt, solltest du eine Spannweite von mindestens 1,60 m erreichen. Das gilt für dich als Richtwert, wenn du ein anderes Garn verwenden möchtest. Wie breit dabei deine Musterkante wird, verrät dir vorab deine Maschenprobe.
Jetzt bist du bestens ausgerüstet für die folgenden Tücher, also schnapp dir dein Garn und deine Nadel und such dir gleich dein erstes Lieblingsstück aus.

ZEICHENERKLÄRUNG

M = Einfache Zunahme= 2 feste Maschen in eine Einstichstelle häkeln

V = Doppelte Zusahme = 3 feste Maschen in eine Einstichstelle häkeln

S = Tiefergestochenes Stäbchen – ein Stäbchen zwei Reihen tiefer in die Reihe mit der gleichen Farbe wie das aktuelle Arbeitsgarn häkeln

WELCHE TUCHFORM FÜR WEN – EINE TUCHOLOGIE

Generell gilt der Grundsatz: Je symmetrischer das Tuch ist, desto voluminöser ist es auch. Das ist natürlich klar, wenn man sich die Form eines solchen Tuches einmal anschaut. Ist es symmetrisch, ist die Strecke vom Scheitelpunkt bis zur Spitze des Tuches deutlich länger als bei einem asymmetrischen Tuch.
So gibt es natürlich die flachen Runden (zum Beispiel der Over The Rainbow) und die großen Runden (die griechische Göttin), die Vielecke (zum Beispiel der Beautiful Butterfly und die zarte Verführung) und die lang gezogenen Dreiecke mit der flachen Mitte (wie die Blume des Orients). Jedes dieser Tücher hat natürlich seine Eigenheiten und kann auf ganz besondere Art getragen werden.

Symmetrische Tücher werden vornehmlich mittig um den Hals getragen mit der Spitze nach vorn und den Zipfeln hinten verschränkt nach vorn gezogen, wobei das volle Volumen dann auf dem Oberkörper liegt.

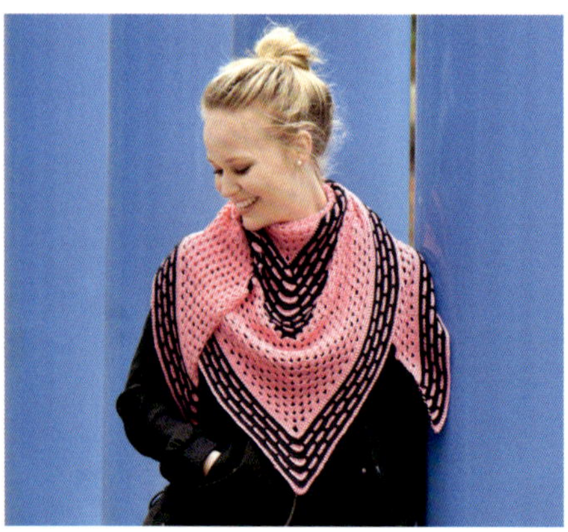

Das ist nicht immer vorteilhaft für Menschen, die obenrum etwas „hummeliger" gebaut sind. Allerdings sind sie toll warm, gerade wenn es kühl ist. Man kann sie auch schräg und leicht seitlich umlegen, somit verlagert man das Volumen etwas zur Seite, was natürlich deutlich vorteilhafter für die „Hummelchen" unter uns ist. Das hat allerdings zur Folge, dass sich nicht unbedingt beide Zipfel nach vorn holen lassen. Hier kann eine Tuchnadel das Tuch zusammenhalten.

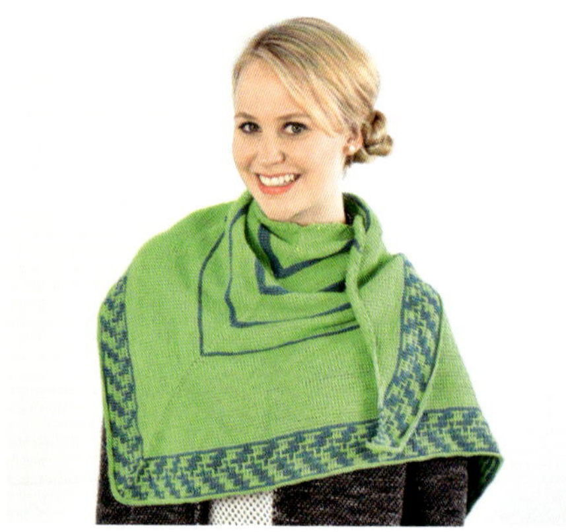

Eine schöne Alternative ist es gerade bei großen und symmetrischen Tüchern, diese mit der Spitze hinten über den Rücken zu legen und die seitlichen Zipfel nach vorn zu holen. So wird das Tuch in lauen Frühlings-, Sommer-, oder Herbstnächten zum Schulterwärmer oder dient als Jackenersatz. Hier kommen die schönen Muster auch besonders toll zur Geltung.

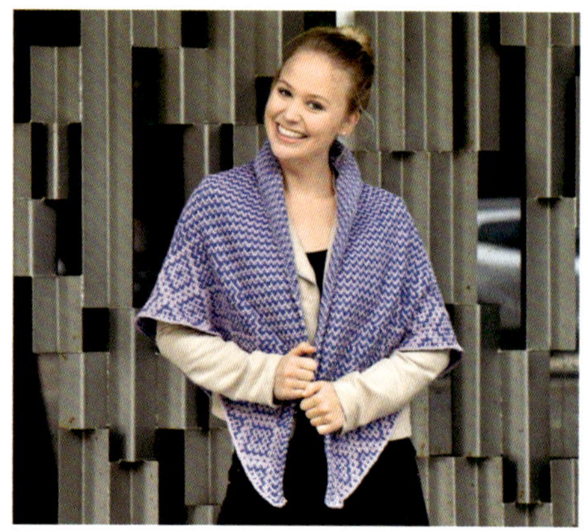

Diese Tragevariante eignet sich auch besonders schön für Tücher mit vielen Ecken, deren Zipfel wie eine Fledermaus nach oben gehen und sich somit schon von ganz allein um die Schultern legen. Wenn man diese mit einer Fibel, Klammer oder Tuchnadel schließt, sind sie der perfekte leichte Begleiter.

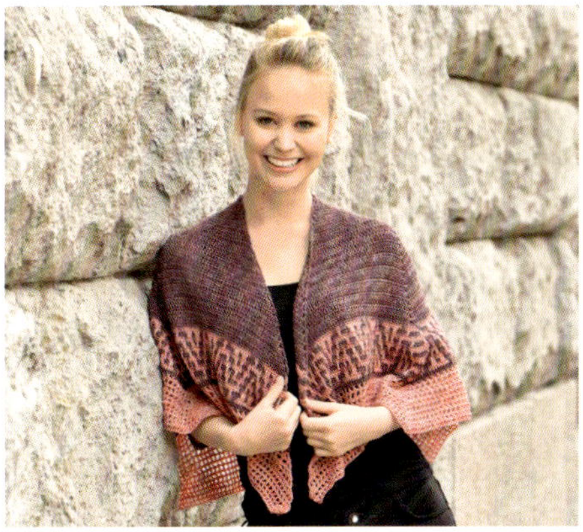

Selbstverständlich kann ein großes Tuch auch locker um die Hüften gebunden werden. Das wirkt nicht nur modisch hipp, sonder kaschiert auch kleine „Pölsterchen" wunderbar.

Asymmetrische Tücher sind deutlich „figurschonender", da sie nicht so stark auftragen. Aufgrund ihrer Form liegen sie in der Regel automatisch mit der Spitze schräg über dem Oberkörper, wenn man beide Zipfel nach vorn holt.

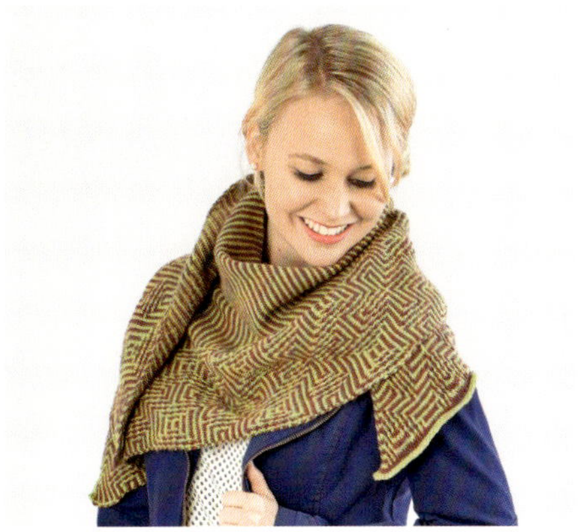

Man kann sie aber auch mit der Spitze vorn mittig platzieren und nur den langen Zipfel mit nach vorn holen. Das sieht ebenso toll aus und hat weniger Volumen wie ein symmetrisches Tuch, welches in dieser Art getragen wird. Damit der kurze Zipfel nicht wegrutscht, kann man ihn mit einer Brosche oder Tuchnadel befestigen.

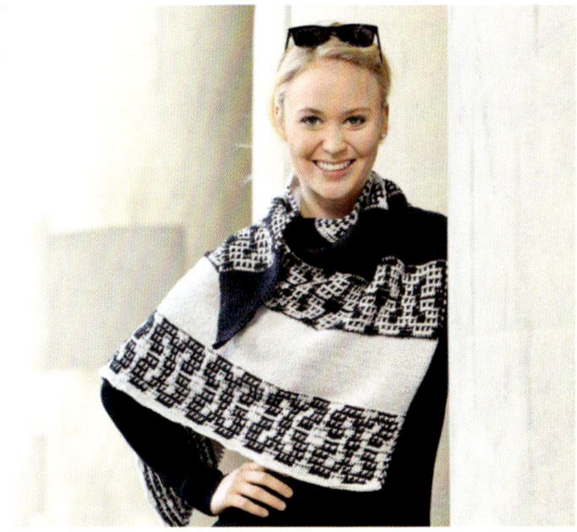

Die lang gezogenen Dreiecke kann man genau so wie die flachen Runden mit der Mitte vorn auf der Brust tragen, wenn mal die Zipfel hinten kreuzt und wieder nach vorn holt. So hat man auch hier weniger Volumen, was jeder Figur schmeichelt.

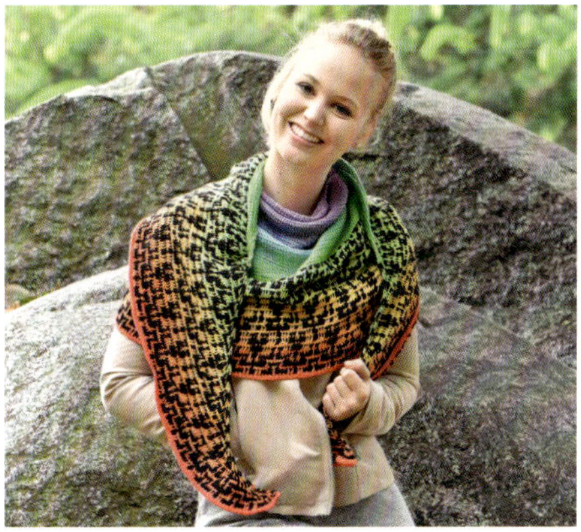

Legt man die langgezogenen Tücher einfach von vorn auf die Brust und wirft die Zipfel nach hinten, so wirken sie besonders edel. Das passt zu einem Abendkleid oder wirkt stylisch zu Jeans mit Longsleeve. Die langen Zipfel verhindern hierbei, dass das Tuch vorn herunter rutscht. Natürlich kann auch ein Zipfel einfach von hinten nach vorn geworfen werden, das verhindert das Rutschen.

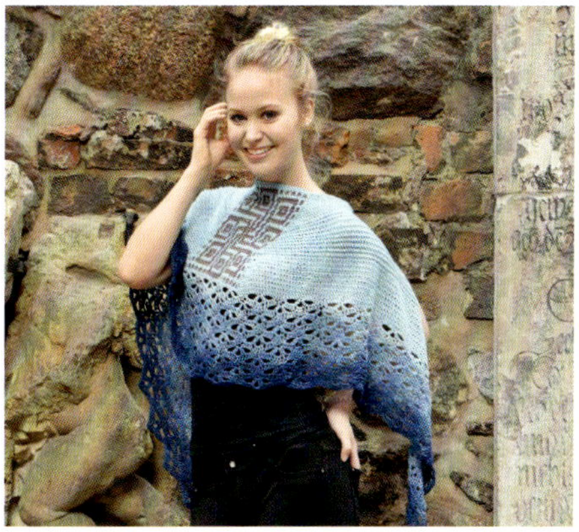

Gerade die Vielecke und die großen Runden bieten noch eine weitere schöne Tragemöglichkeit: Legt man sie seitwärts über eine Schulter und kreuzt sie zur anderen Schulter hin, so dass diese sich auf der Schulter nach vorn und hinten überlappen und schließt sie dort mit einer Brosche, Fibel oder Tuchnadel, so hat man sich ganz leicht und easy-peasy einen Poncho gebastelt, der nicht nur ein schöner Hingucker ist, sondern allzeit bereit, leicht und dennoch kuschelig warm.

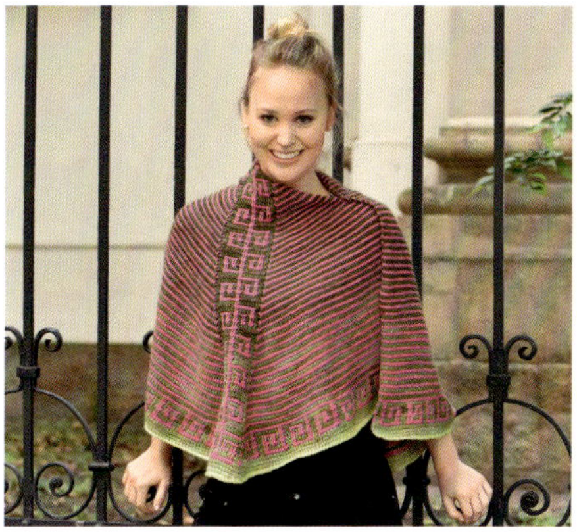

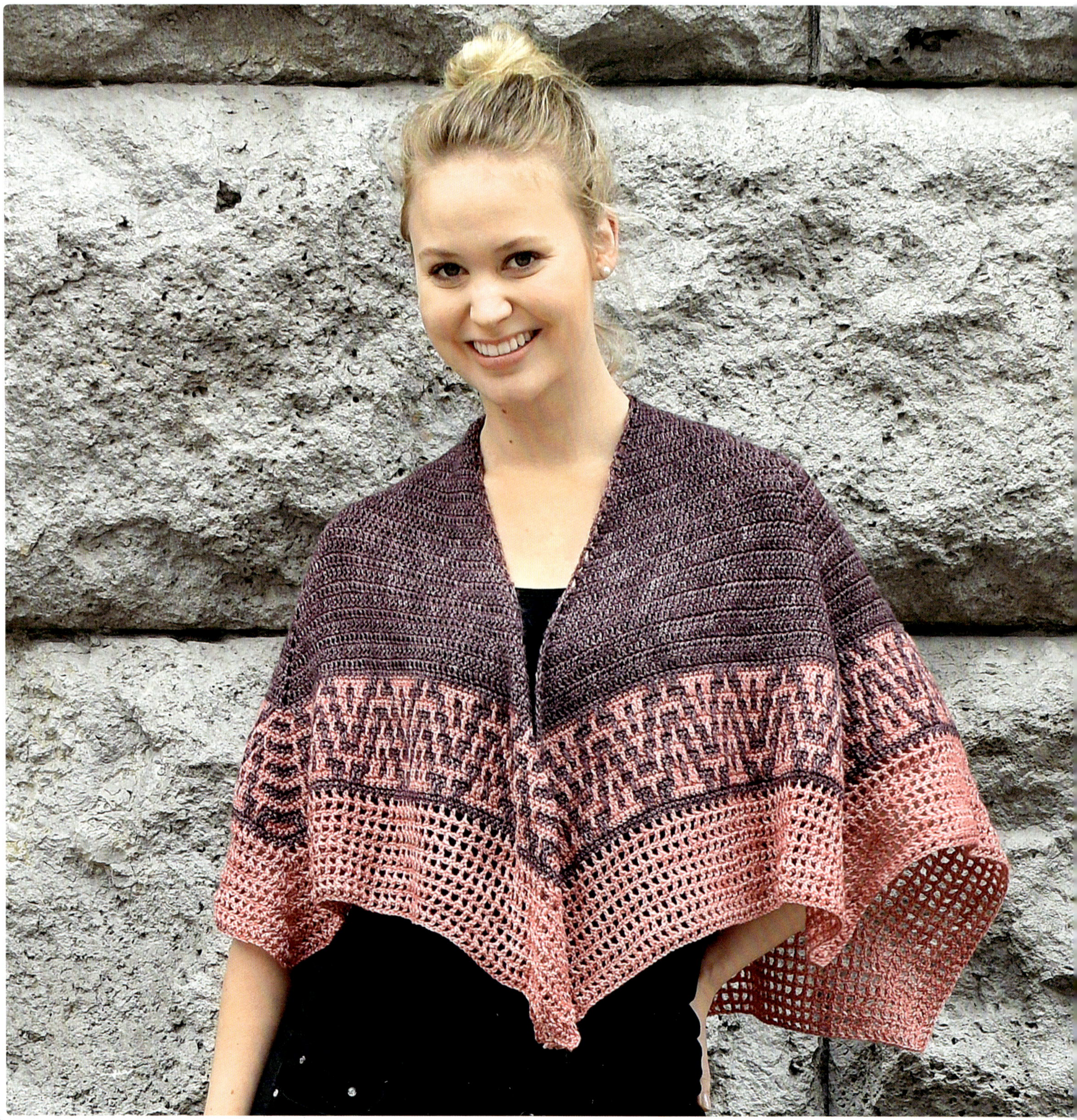

BEAUTIFUL BUTTERFLY

MATERIAL

- Olana „Smilla" (55 % Schurwolle, 45 % Seide, Lauflänge 600 m/100 g): je 200 g Rosenholz (Farbe A) und Rosa (Farbe B)
- Häkelnadel 3,5 mm

Maschenprobe im Mosaikmuster:
20 Maschen x 24 Reihen = 10 x 10 cm

Aufbau und Muster:

Besondere Abkürzung: 1 V = 1 Stäbchen + 2 LM + 1 Stäbchen in eine Einstichstelle.

Das Tuch wird von oben aus der Mitte heraus gehäkelt. Du häkelst den Beginn des Grundmusters nach der Beschreibung unten. Danach häkelst du laut Textbeschreibung mit den Zunahmen weiter, es ergeben sich 5 breiter werdende Stäbchenflächen zwischen den V. Nach dem Tuchkörper kommt ein Mosaikstreifen und danach eine lacige Abschlusskante.

Relief-Mosaik:

Bei diesem Tuch haben wir den Musterstreifen in der kombinierten Variante gehäkelt. Falls du nochmal nachschauen möchtest, findest du die Beschreibung auf Seite 14.

SO WIRD'S GEMACHT

Beginne mit einem Fadenring in Farbe A.
1. Reihe: Häkle 3 Luftmaschen und 5 Stäbchen in diesen Ring, wenden.
2. Reihe: 5 Luftmaschen (= 3 für das 1. Stäbchen und 2 für den Luftmaschenbogen), 1 Stäbchen in das letzte Stäbchen der Vorreihe, häkle nun jeweils 1 V in jedes Stäbchen und 1 V in die 3. Wende-Luftmasche der Vorreihe = 6 V.
3. Reihe: 5 Luftmaschen, 1 Stäbchen in den Luftmaschenbogen, dann * 1 Stäbchen auf jedes Stäbchen und 1 V in den Luftmaschenbogen, ab * stets wiederholen, beim letzten V das 1. Stäbchen in den Luftmaschenbogen und das 2. Stäbchen in die 3. Wende-Luftmasche der Vorreihe arbeiten. Nun liegen immer 2 Stäbchen zwischen den V und du kannst erkennen, dass jedes V eine Zunahme-Linie darstellt: Du nimmst in jeder Reihe beim ersten und letzten V je 1 Stäbchen, bei den 4 dazwischenliegenden V je 2 Stäbchen zu, so dass sich deine Maschenzahl in jeder Reihe um 10 Maschen erweitert.
Häkle alle weiteren Reihen wie die 3. Reihe, bis du in den 5 Stäbchenflächen zwischen den Luftmaschenbogen jeweils 60 Stäbchen erreicht hast.

Bevor du nun den Mosaikstreifen häkelst, arbeitest du eine Rückreihe fester Maschen und häkelst dabei auch in jede Luftmasche eine feste Masche.

Dann häkelst du einen Streifen im Relief-Mosaik nach der Musterschrift, dabei beginnst du mit einer Hin- und Rückreihe in Farbe B. Der rot eingerahmte Bereich kennzeichnet den Mustersatz = 12 Maschen. In der 1. Reihe beginnst du mit 1 Wende-Luftmasche und arbeitest dann 2 feste Maschen in die 1. feste Masche der Vorreihe, dann häkelst du über jeder Stäbchenfläche 59 Maschen Relief-Mosaik, dabei beginnst du mit den Maschen vor dem Mustersatz, arbeitest den Mustersatz 4 x und endest mit den Maschen nach dem Mustersatz, die letzte Masche der Stäbchenfläche übergehst du, damit die Maschenzahl aufgeht.
In die jeweils 2 festen Maschen, die über dem Luftmaschenbogen liegen, werden die Zunahmen gearbeitet, indem in jede der 2 Maschen 2 feste Maschen gehäkelt werden. Beende die Reihe mit 2 festen Maschen in die letzte feste Masche der Vorreihe. Nun häkelst du fortlaufend nach der Musterschrift weiter, in den Ecken liegen jeweils 2 Zunahmen nebeneinander, am Anfang und Ende wird jeweils eine Zunahme gearbeitet. Nach 24 Reihen Relief-Mosaik häkelst du im Gittermuster in Farbe B weiter, dabei beginnst du die 1. Reihe mit 3 Luftmaschen als Ersatz für das 1. Stäbchen und 1 Luftmasche zum Übergehen der folgenden Masche, häkle dann 1 Stäbchen und eine Luftmasche in die erste feste Masche * 1 Stäbchen, mit 1 Luftmasche 1 Stäbchen übergehen, ab * stets wiederholen. Dazwischen in

MUSTERSCHRIFT

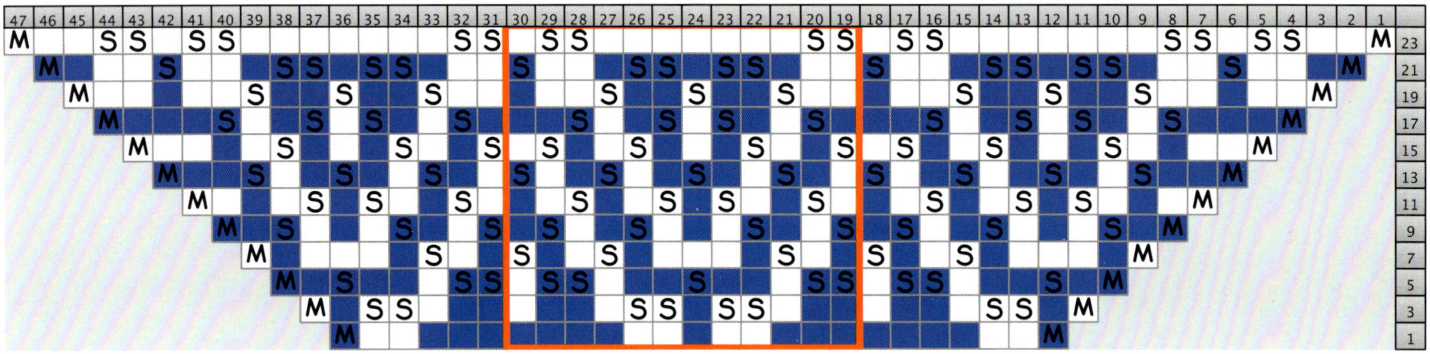

jede Eck-Masche, die zwischen den 2 Zunahmen nun liegt, 1 V häkeln, dabei vor dem V mit 1 Luftmasche enden und nach dem V wieder mit 1 Luftmasche beginnen. Die erste Reihe mit 1 Stäbchen, 1 Luftmasche, 1 Stäbchen in die letzte feste Masche beenden. In allen folgenden Reihen mit 1 Stäbchen in die 3. Wende-Luftmasche der Vorreihe enden. In den nachfolgenden Reihen in jedes V der Vorreihe wieder ein V arbeiten. Nach 10 R Gittermuster ist dein Tuch fertig und kann nach dem Waschen und Spannen direkt ausgeführt werden.

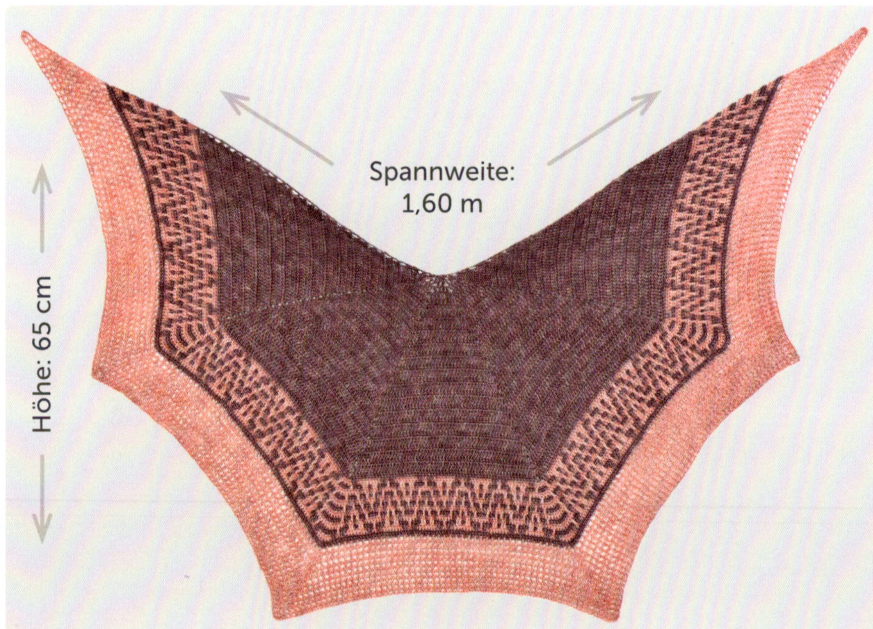

Raum für Individualität:

Statt des Lacemusters an der Kante, kannst du auch nach dem ersten Musterstreifen ein paar Reihen im Grundmuster arbeiten und dann einen weiteren Mosaikmusterstreifen zum Abschluss häkeln. Beachte hierbei, dass sich dann der Wollverbrauch ändert.

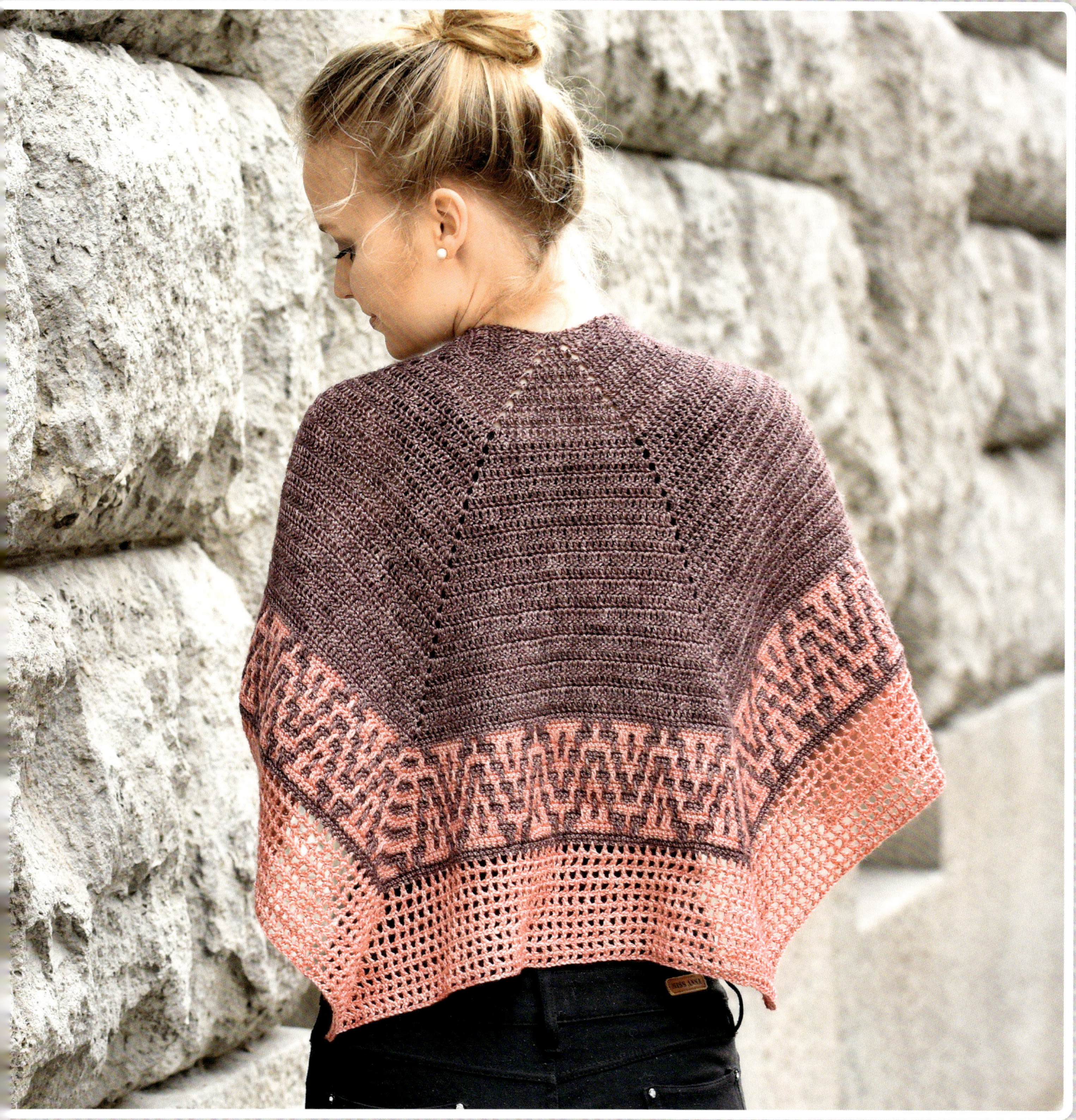

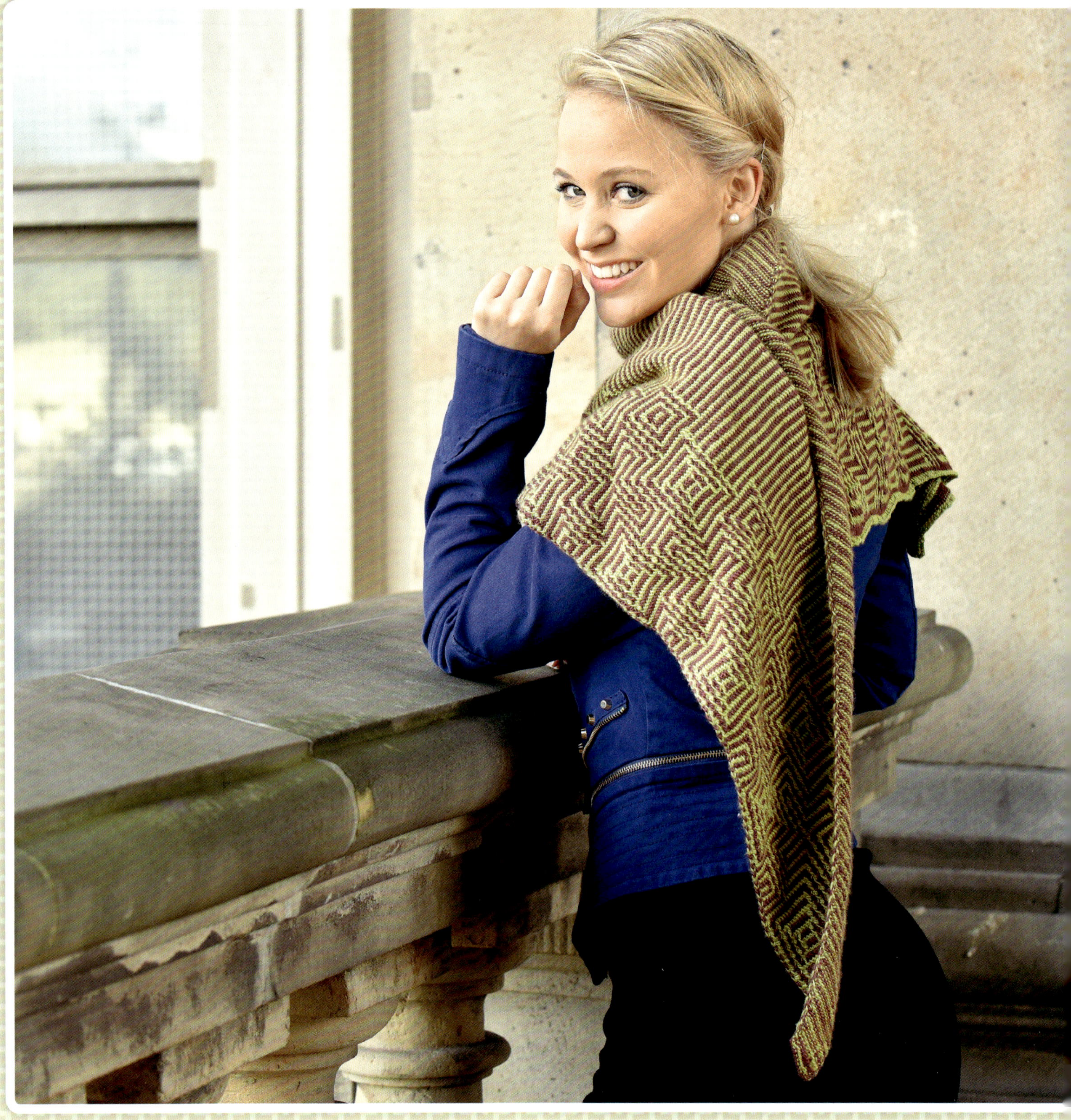

CITY-CHIC

MATERIAL

- ggh „Lacy Merino-Seide" (80 % Schurwolle, 20 % Seide, Lauflänge 150 m/25 g): je 150 g Aubergine (Farbe A) und Apfelgrün (Farbe B)
- Eine tunesische Häkelnadel mit Seil 3,5 mm
- 1 Maschenmarkierer

Maschenprobe im Grundstich:
34 Maschen x 24 Reihen = 10 x 10 cm

Aufbau und Grundmuster:

Das Tuch wird im tunesischen Grundstich quer gearbeitet.
Dabei wird in jeder Reihe die Farbe gewechselt. Der Farbwechsel funktioniert immer am Ende einer Rückreihe, dabei wird abgemascht, bis sich nur noch 2 Schlaufen auf der Nadel befinden. Dann die neue Farbe nehmen und den Faden durch die beiden Schlaufen ziehen, die Fäden dabei NICHT kreuzen, nun bist du gerüstet für die nächste Reihe.

SO WIRD'S GEMACHT

Beginne mit 11 Luftmaschen in Farbe A und beginne mit einer Grundreihe, diese entspricht der 1. Reihe von Musterschrift A. Wechsle dann zu Farbe B und folge der Musterschrift A ab der 2. Reihe. Für die Zunahmen (= M in der Musterschrift) stichst du immer nach der ersten Masche, also wenn du 2 Schlaufen auf der Nadel hast, zwischen der 2. und 3. Masche ein und holst eine Schlaufe herauf. Nach 49 Reihen ab Anschlag hast du 59 Maschen erreicht. Nun hängst du dir nach der 53. Masche ab linkem Rand einen Maschenmarkierer ein – die Randmasche zählt dabei mit. Über diesen 53 Maschen häkelst du nun nach der Musterschrift B weiter, dabei wird die 1.–28. R stets wiederholt. Alle Maschen rechts von deinem Muster werden dabei ungemustert nur im Grundstich gearbeitet. Der * steht hierbei stellvertretend für alle deine Maschen vor dem Muster.
Arbeite Musterschrift B, bis 6 Rapporte in der Höhe vollständig sind, danach häkelst du noch 1 x die ersten 23 Reihen. Versetze in der letzten Reihe den Maschenmarkierer um 4 Maschen nach rechts, er kennzeichnet nun den Beginn deiner Ecke.
Wenn du ein anderes Garn verwendest, dann beendest du Musterschrift B – ebenfalls nach einer 23. Reihe – wenn du noch mindestens 30 % deines Garnes übrig hast. Diese Menge brauchst du, um das Tuch fertigzustellen.

Wechsle nun zu Musterschrift C, sie bildet deine Endkante. Der rot eingerahmte Bereich kennzeichnet den Mustersatz = 28 Maschen. Beginne mit den Maschen vor dem Mustersatz, wiederhole dann den Mustersatz bis zum Maschenmarkierer und ende mit den Maschen nach dem Mustersatz.
Sollte der Mustersatz der Musterschrift C nicht in der Maschenzahl vor dem Maschenmarkierer aufgehen, so mogelst du einfach ein paar Maschen dazu, indem du gleichmäßig verteilt die erforderliche Maschenzahl zunimmst, oder du schummelst einfach überschüssige Maschen weg, indem du den Faden durch 2 senkrechte Stege holst – je nachdem, welche Version näher an der passenden Maschenzahl ist – man wird diesen kleinen Maschenausgleich später nicht sehen. Hast du Musterschrift C beendet, kette alle Maschen in der Farbe der letzten Reihe mittels Kettmaschen ab.

Nun noch die Fäden vernähen und dem Tüchlein ein Entspannungsbad gönnen. Danach reicht es völlig, das Tuch flach hinzulegen, ein wenig in Form zu ziehen und trocknen zu lassen.
Viel Spaß beim Tragen und Ausführen.

MUSTERSCHRIFT A

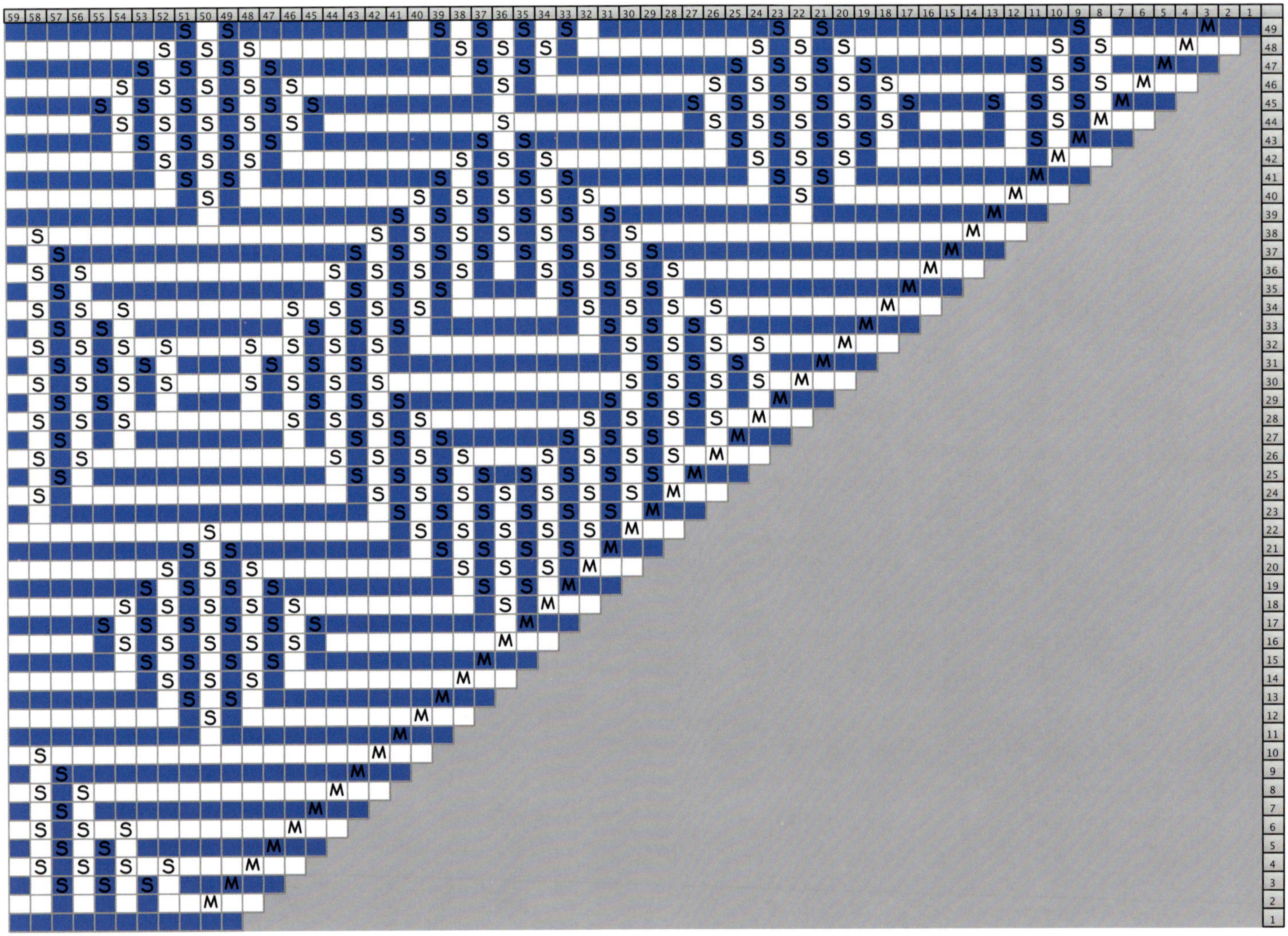

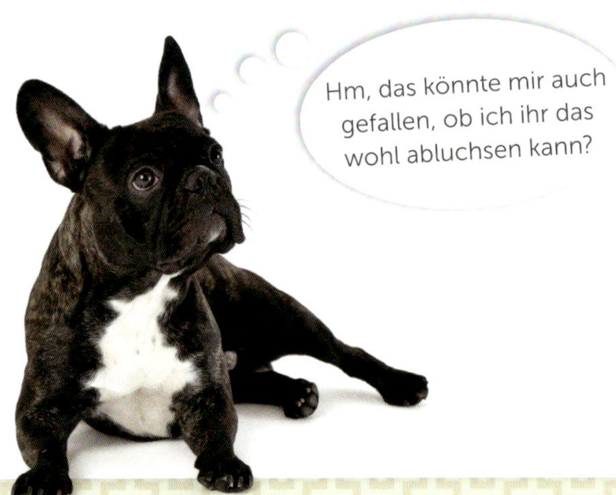

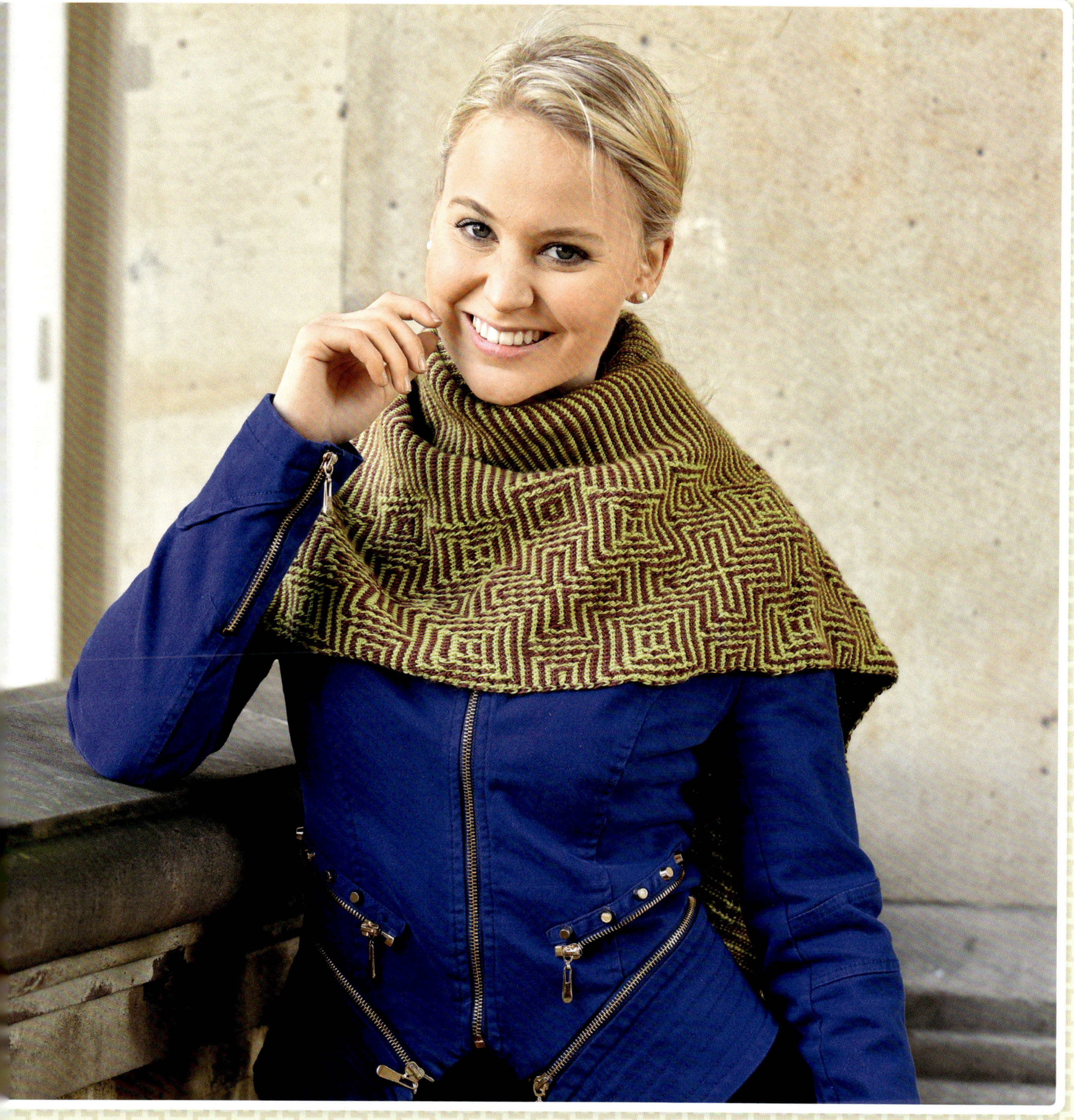

MUSTERSCHRIFT B

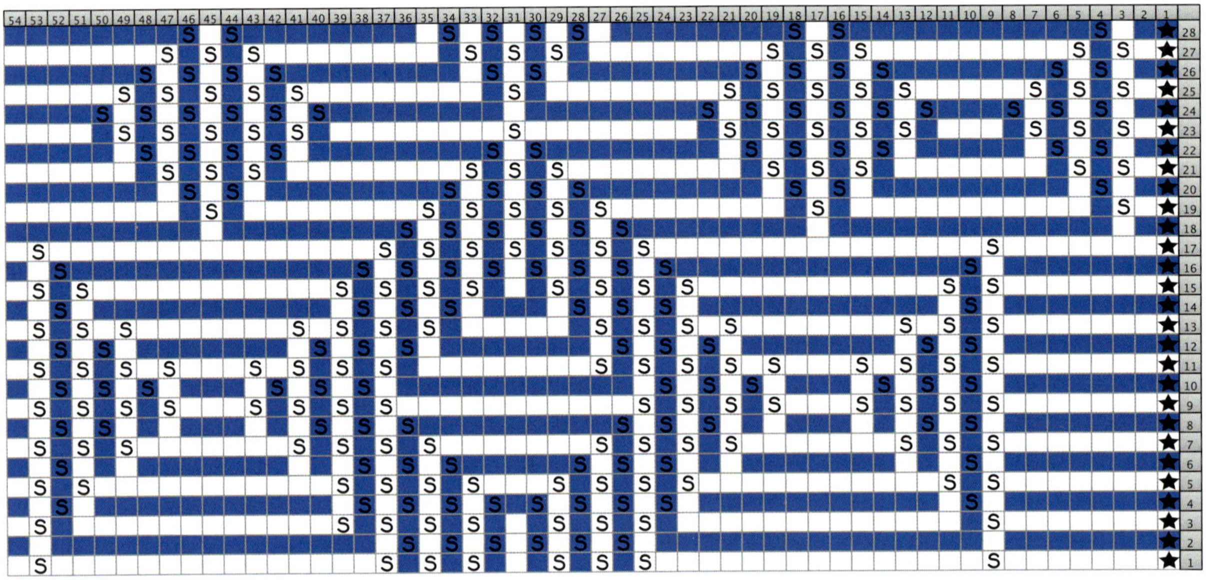

MUSTERSCHRIFT C

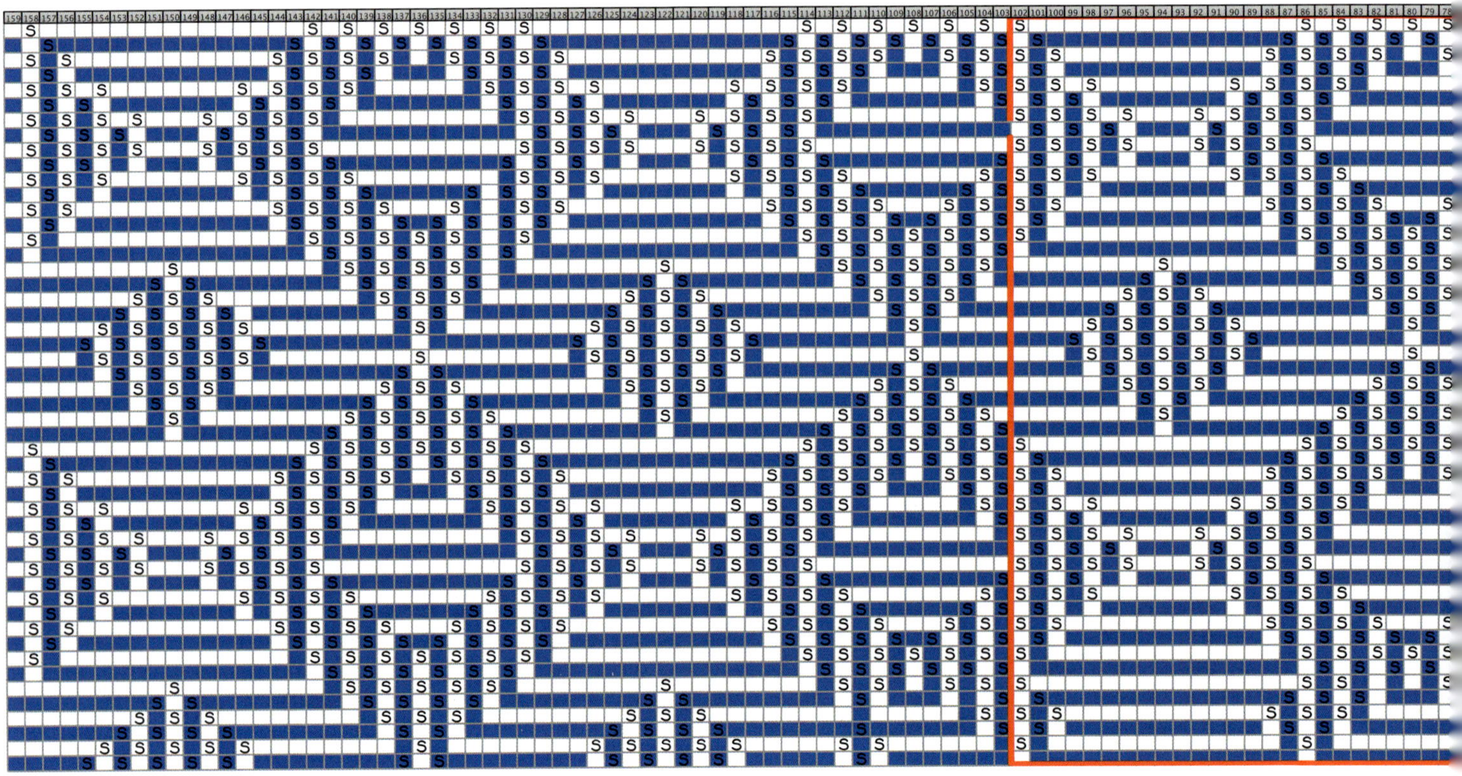

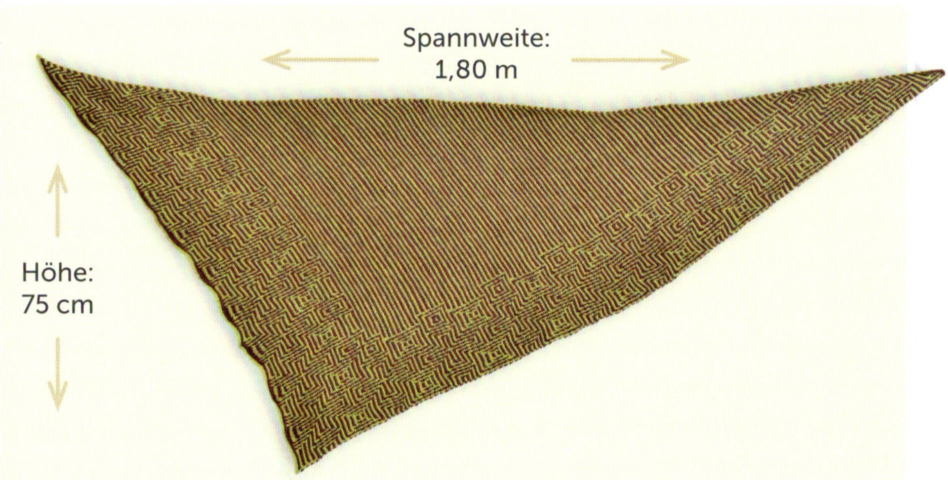

Raum für Individualität:

Du hast mit dem Beginn der Musterschrift B die Möglichkeit, die Form deines Tuches zu beeinflussen. Nimmst du weiterhin, wie in Musterschrift A gezeichnet, nur 1 Masche zu, so wird dein Tuch leicht asymmetrisch. Möchtest du es lieber symmetrisch und etwas breiter haben, musst du nun am Anfang jeder Reihe 2 Maschen zunehmen. Dafür beginnst du jede Reihe mit 1 Luftmasche und häkelst je 1 Zunahme aus dem 1. und 2. Zwischenraum wie oben beschrieben.

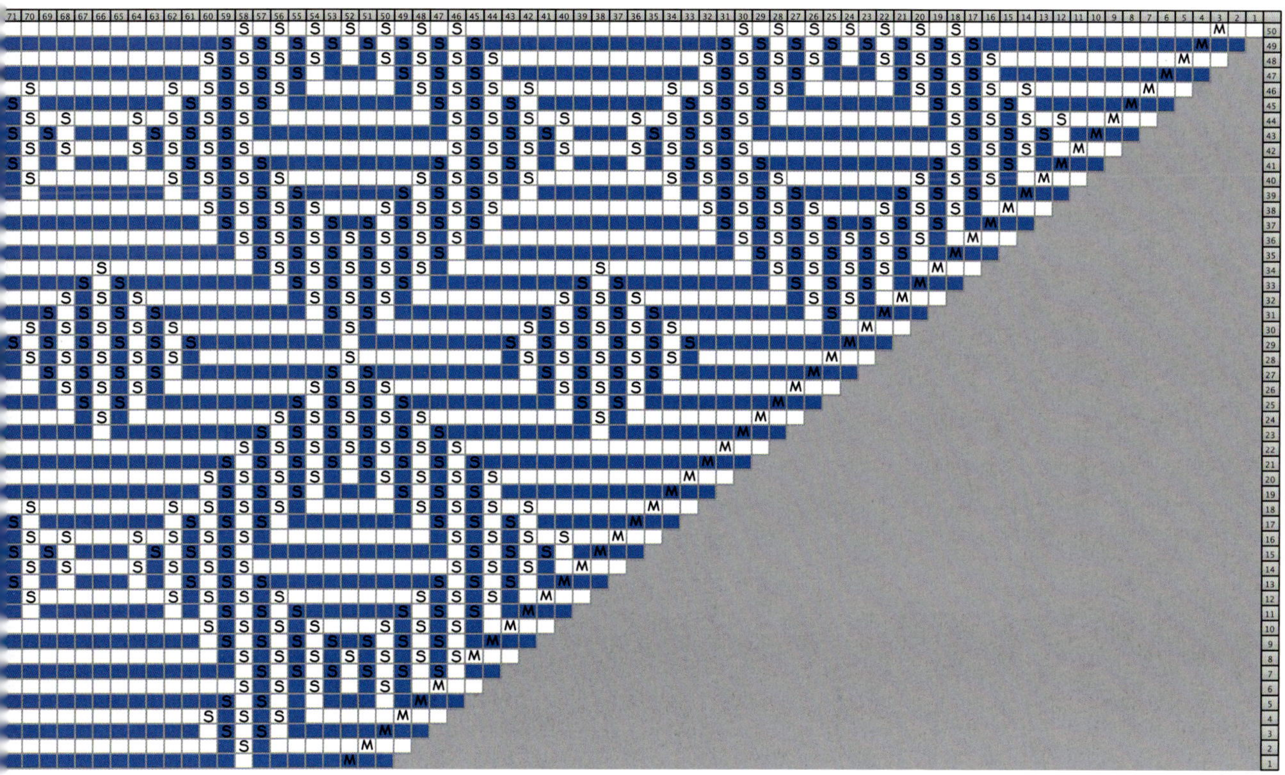

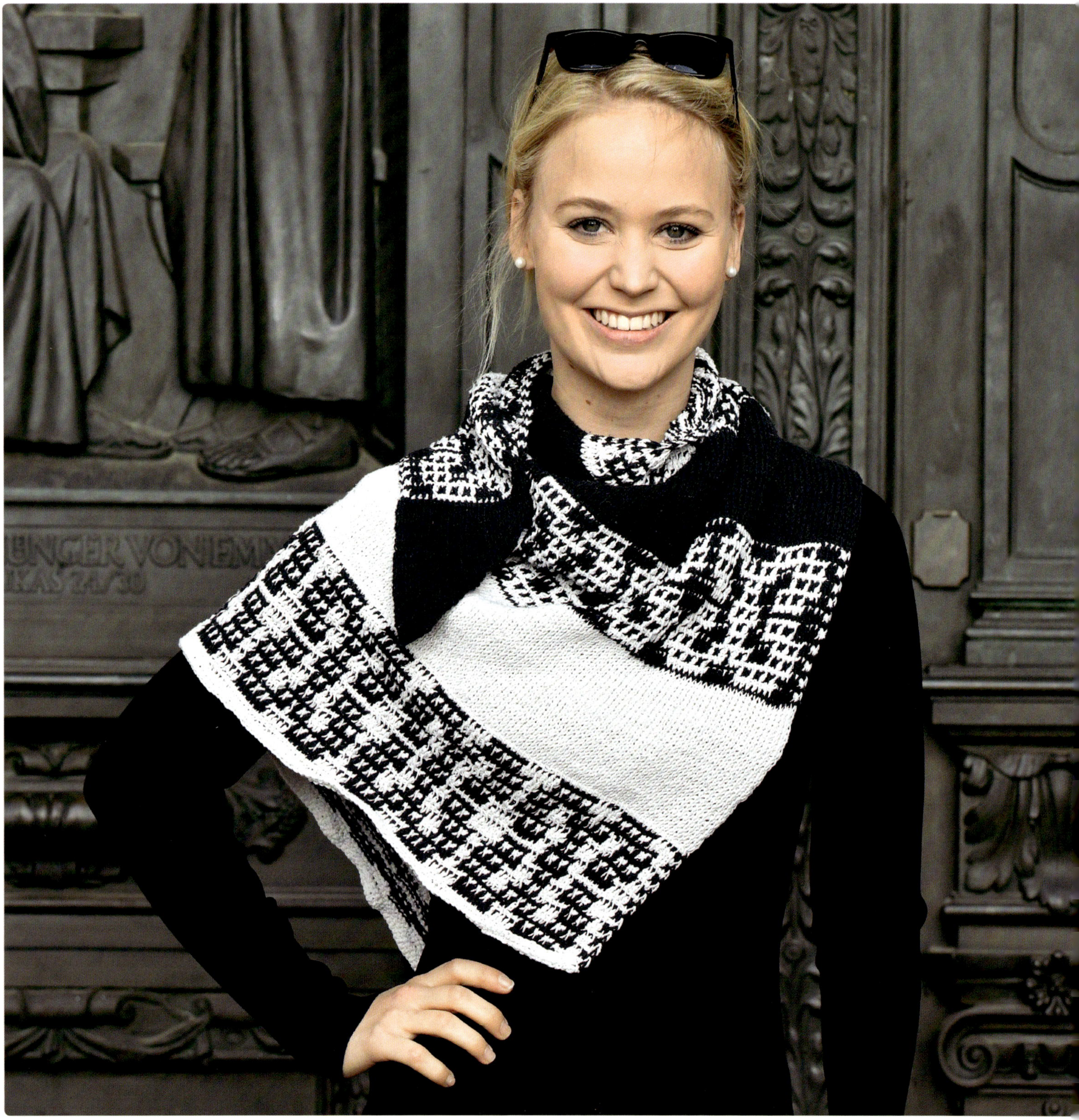

SCHATTENTANZ

MATERIAL

- Fior di Seta (100 % Seide (recycled), Lauflänge 165 m/50 g): 150 g Schwarz (Farbe 1) und 200 g Weiß (Farbe 2)
- Eine tunesische Häkelnadel mit Seil 5 mm
- 1 Maschenmarkierer

Maschenprobe im Grundstich:
21 Maschen und 27 Reihen = 10 x 10 cm

Aufbau und Grundmuster:

Das Tuch wird im tunesischen Grundstich und im tunesischen Strickstich quer gearbeitet.
Das Tuch besteht aus Blockstreifen und Mosaikstreifen. In den Mosaikstreifen wird in jeder Reihe die Farbe gewechselt. Der Farbwechsel funktioniert immer am Ende einer Rückreihe, dabei wird abgemascht, bis sich nur noch 2 Schlaufen auf der Nadel befinden. Dann die neue Farbe nehmen und den Faden durch die beiden Schlaufen ziehen, die Fäden dabei NICHT kreuzen, nun bist du gerüstet für die nächste Reihe.

SO WIRD'S GEMACHT

Beginne mit 4 Luftmaschen in Farbe 1 und häkle eine tunesische Grundreihe. Ab der 2. Reihe häkelst du im Strickstich weiter und nimmst in jeder Reihe jeweils 1 Masche zu. Die Zunahme häkelst du immer nach der 1. Masche, also wenn du 2 Schlaufen auf der Nadel hast, indem du die Nadel zwischen die nächsten beiden Maschen einstichst und eine neue Schlaufe herauf holst. Wiederhole diese Reihe und die Zunahmen so lange, bis 29 Maschen auf der Nadel sind. Häkle danach einen Musterstreifen A.

Streifen A:

Der Musterstreifen wird im tunesischen Grundstich und im Mosaikmuster gearbeitet. Folge der Musterschrift für alle angegebenen Reihen. Die Zunahmen werden genau wie zuvor auch gearbeitet. Deine erste Reihe muss immer in der neuen Farbe begonnen werden. Hast du also mit Farbe 1 den Streifen darunter gearbeitet, beginnst du hier mit Farbe 2. Hast du den Streifen B in Farbe 2 gearbeitet, so beginnst du Streifen A mit Farbe 1.

Streifen B:

Häkle im tunesischen Strickstich.
Nimm eine Schlaufe auf, 2 Schlaufen sind auf der Nadel, arbeite dann eine Zunahme, indem du eine neue Schlaufe zwischen 2 Maschen heraufholst, und häkle die restlichen Maschen im Strickstich.
Wiederhole diese Reihe insgesamt 29 mal.
Nun wechselst du fortlaufend von Streifen A zu Streifen B, bis dein Tuch die gewünschte Größe hat oder deine Wolle aufgebraucht ist. Ich empfehle dir eine Spannweite von mindestens 1,60 m, damit dein Tuch auch schön um den Hals fällt.

Im abgebildeten Tuch habe ich folgende Farbfolge verwendet:
Anfang in Farbe 1, Streifen A beginnend mit Farbe 2, Streifen B in Farbe 2, Mosaikstreifen A, Streifen B in Farbe 1, Mosaikstreifen A, Streifen B in Farbe 2, enden mit einem Musterstreifen A.

MUSTERSCHRIFT

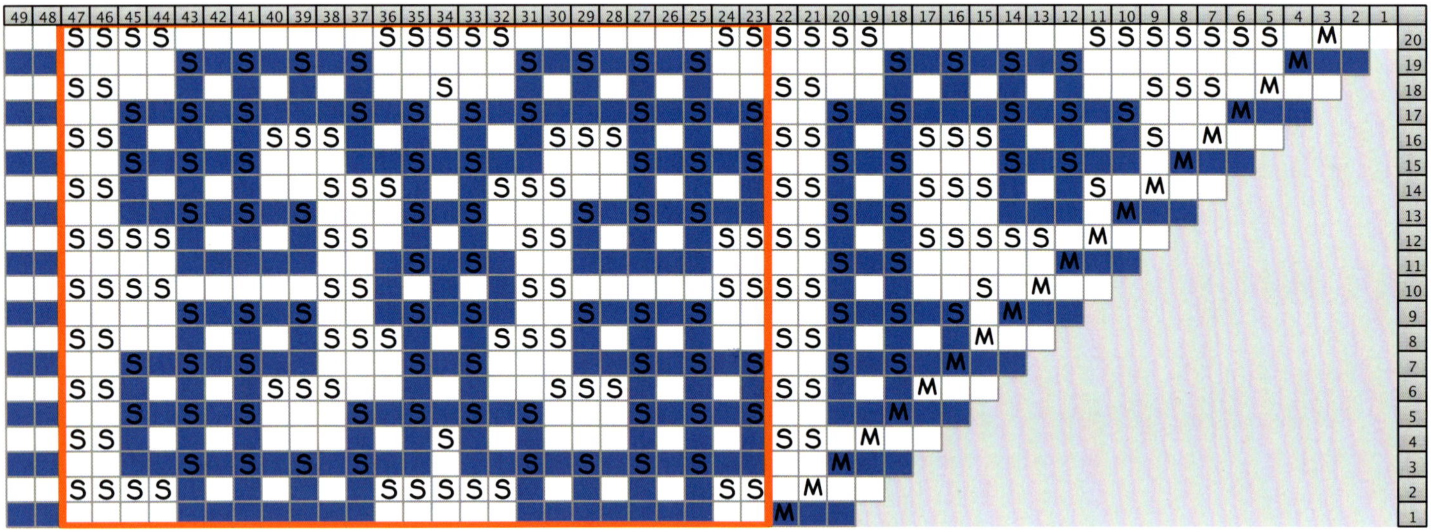

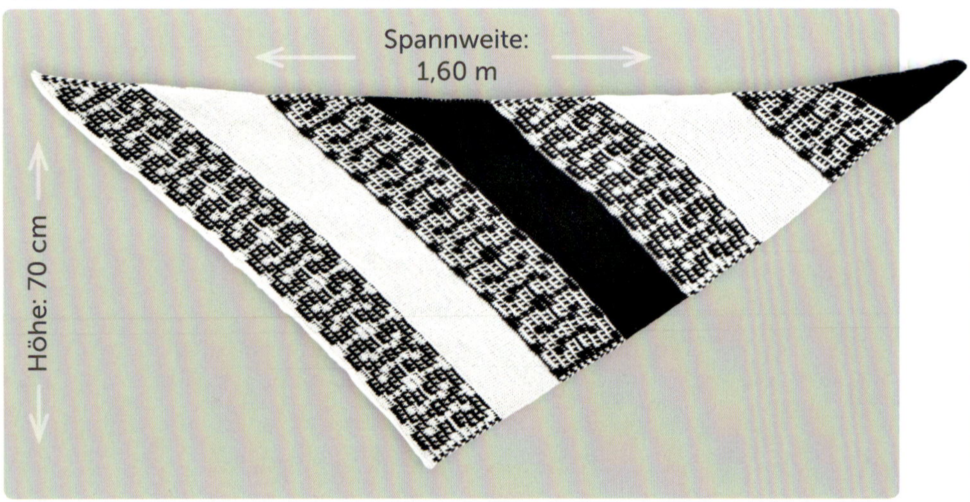

Raum für Individualität:

Die Musterkombination bringt Abwechslung in deine Häkelei und macht Spaß. Dieses Tuch kannst du auch super mit Wollresten häkeln und hierbei die Farben streifenweise wechseln – dein Tuch wird so ein echter Hingucker und ein ganz eigenes Unikat. Natürlich kannst du auch jeden A-Streifen in der gleichen Farbe häkeln.
Die Größe deines Tuches kannst du ganz einfach anpassen, indem du mehr oder weniger Streifen häkelst. Ende am besten immer mit einem Relief-Mosaikstreifen, das sieht am schönsten aus.

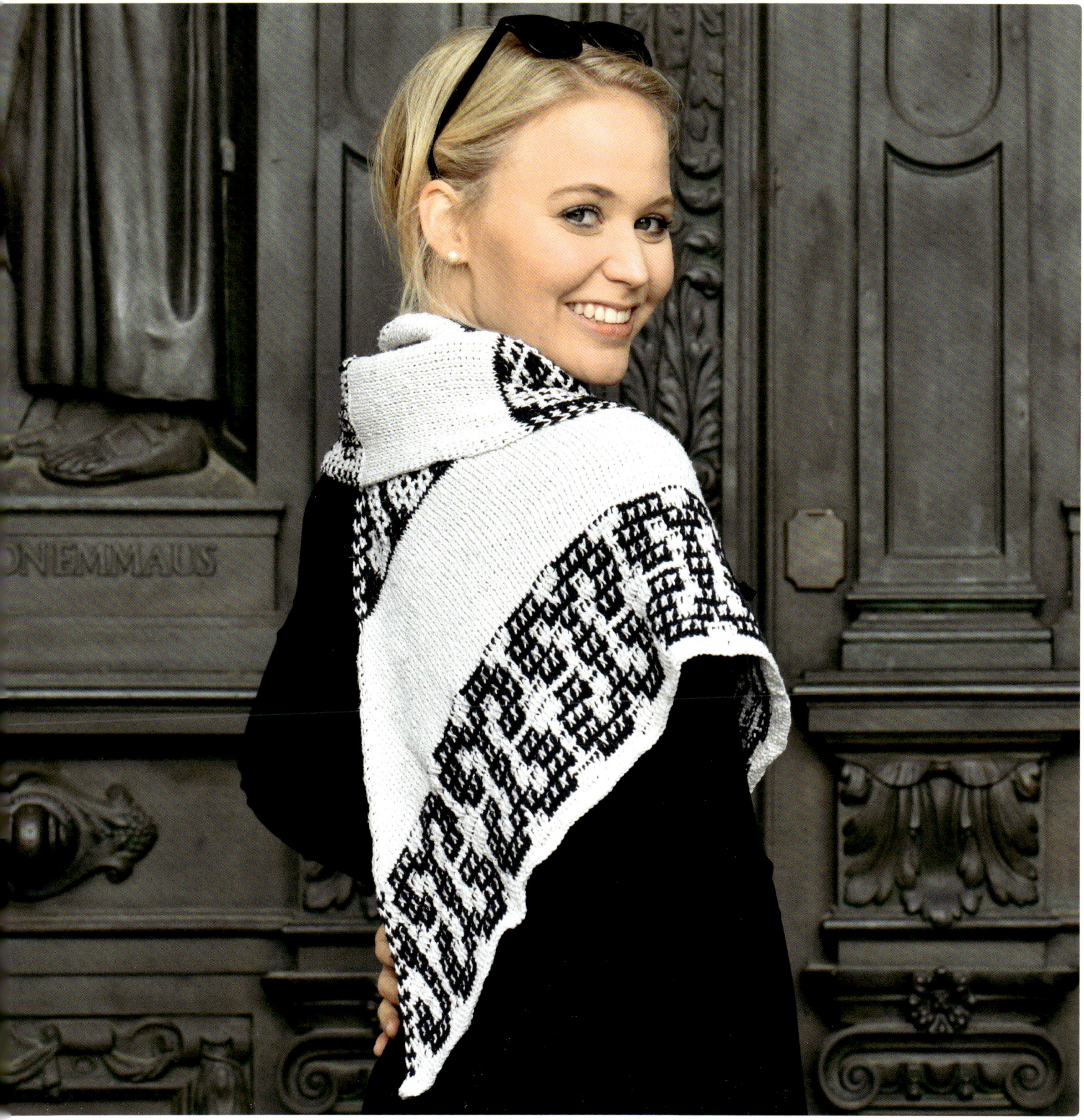

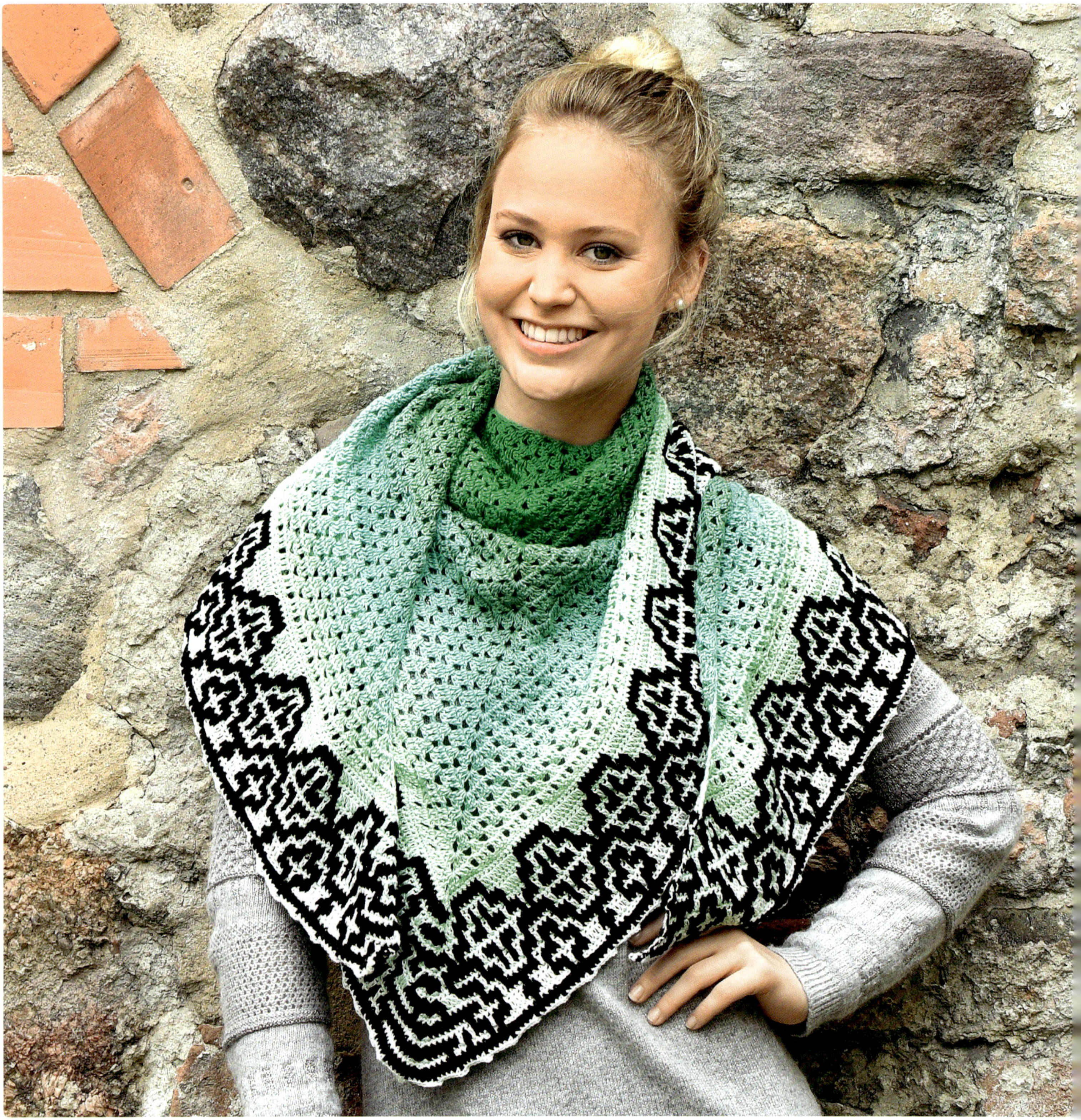

FRESH PEPPERMINT

MATERIAL

- Scheepjes „Whirl" (60 % Baumwolle, 40 % Polyacryl, Lauflänge = 1000 m/215 g): 1 Bobbel Peppermint Patty Cake (Farbe A) und Scheepjes „Catona" (100 % Baumwolle, Lauflänge = 125 m/50 g): 200 g Schwarz (Farbe B)
- Häkelnadel 3,5 mm

Maschenprobe im Mosaikmuster:
22 Maschen und 30 Reihen = 10 x 10 cm

Aufbau und Muster:

Das Tuch wird in der oberen Mitte begonnen und nach unten bis zur Kante gehäkelt. Durch die Zunahmen entsteht eine Form, die an einen Engelsflügel erinnert. Den Abschluss bildet die Mosaik-Kante. Du häkelst den Beginn des Grundmusters nach der Beschreibung unten. Danach häkelst du nach den Angaben im Text mit den Zunahmen weiter, es ergeben sich 2 breiter werdende Flächen beidseitig der Mitte.

Relief-Mosaik:

Bei diesem Tuch wurde der Musterstreifen in der kombinierten Variante gehäkelt. Falls du nochmal nachschauen möchtest, findest du die Beschreibung auf Seite 14.

SO WIRD'S GEMACHT

Beginne mit 1 Fadenring in Farbe A.
Reihe 1: 4 Luftmaschen, 3 Stäbchen, 3 Luftmaschen (= Mitte), 3 Stäbchen, 1 Luftmasche, 1 Stäbchen.
Reihe 2: 4 Luftmaschen, 3 Stäbchen in den Luftmaschen-Zwischenraum der Vorreihe, je 1 Stäbchen in die nächsten 3 Stäbchen, 1 Luftmasche, (3 Stäbchen, 3 Luftmaschen, 3 Stäbchen) in den mittleren 3 Luftmaschen-Bogen, 1 Luftmasche, je 1 Stäbchen in die nächsten 3 Stäbchen der Vorreihe, 3 Stäbchen in den Luftmaschen-Zwischenraum der Vorreihe, 1 Luftmasche, 1 Stäbchen in die 3. Luftmasche der Vorreihe, Arbeit wenden.
Reihe 3: 4 Luftmaschen, (3 Stäbchen in den Luftmaschen-Zwischenraum der Vorreihe, 1 Luftmasche), wiederholen bis zu den 3 Luftmaschen an der Spitze des Tuches, (3 Stäbchen, 3 Luftmaschen, 3 Stäbchen) in 3er- Luftmaschen-Bogen, 1 Luftmasche, (3 Stäbchen in den Luftmaschen-Zwischenraum der Vorreihe, 1 Luftmasche), wiederholen bis Reihenende, 1 Stäbchen in die 3. Luftmasche der Vorreihe, Arbeit wenden.
4. Reihe: 4 Luftmaschen, 3 Stäbchen in den Luftmaschen-Zwischenraum der Vorreihe (je 1 Stäbchen in die nächsten Stäbchen der Vorreihe, 1 Luftmasche), wiederholen bis zu den 3 Luftmaschen an der Spitze des Tuches, (3 Stäbchen, 3 Luftmaschen, 3 Stäbchen) in 3er-Luftmaschen-Bogen, 1 Luftmasche, (je 1 Stäbchen in die nächsten Stäbchen der Vorreihe, 1 Luftmasche), wiederholen bis Reihenende, 3 Stäbchen in den Luftmaschen-Zwischenraum der Vorreihe, 1 Luftmasche, 1 Stäbchen in die 3. Luftmasche der Vorreihe, Arbeit wenden.
Es wird nun fortlaufend Reihe 3 und 4 wiederholt, bis du insgesamt 42 Reihen gehäkelt hast.

Nun beginnst du den Relief-Mosaikstreifen, arbeite dafür nach der Musterschrift. Die ersten 2 Reihen in Farbe A werden wie folgt gehäkelt:
Beginne mit 2 festen Maschen in das erste Stäbchen der Vorreihe. Nun arbeitest du in jedes Stäbchen und jede Luftmasche eine feste Masche. In der Mitte werden 5 feste Maschen in den Luftmaschen-Bogen gearbeitet. Du beendest die erste Reihe, indem 2 feste Maschen in die 3. Wendeluftmasche gehäkelt werden. Die Rückreihe wird mit einer Wendeluftmasche und 2 festen Maschen in die erste Masche begonnen und in jede feste Masche wird nun wieder eine feste Masche gehäkelt bis zum Ende, wo wieder 2 feste Maschen in die letzte feste Masche gearbeitet werden. Eine Zunahme in der Mitte erfolgt in der Rückreihe nicht. Nun geht es weiter, wie in der Musterschrift gezeichnet. Der rote Rahmen kennzeichnet den Mustersatz = 16 Maschen, M = 1 Zunahme. Für die Zunahmen arbeitest du 1 zusätzliche

MUSTERSCHRIFT

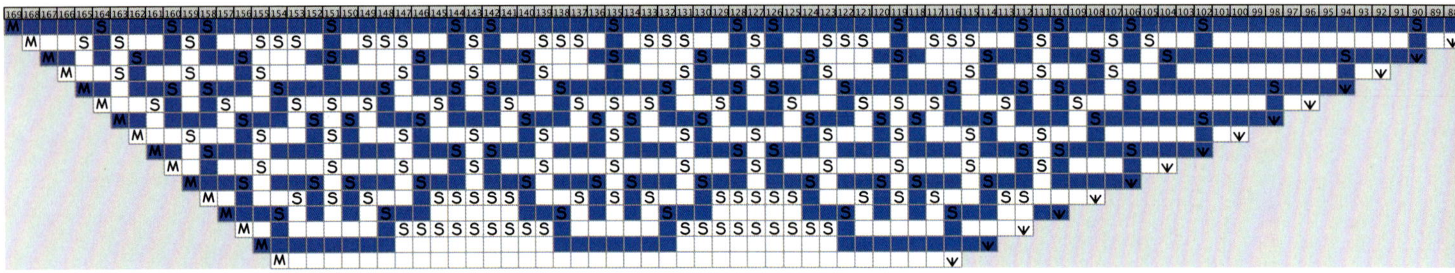

M = Zunahme 1 Masche

V = Zunahme 2 Maschen

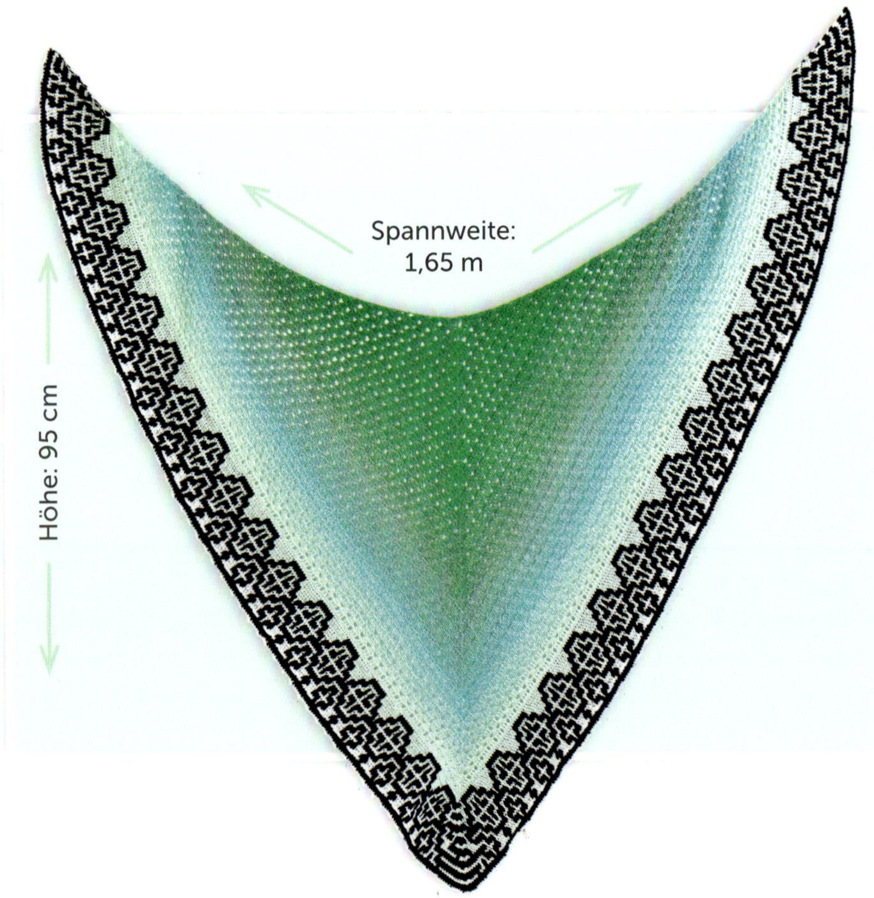

Masche am Reihenanfang (= feste Maschen in die erste Masche arbeiten). In der Mitte werden in die Maschen rechts und links neben der Mittelmasche je 3 feste Maschen gearbeitet, am Ende werden wieder 2 feste Maschen in die letzte feste Masche gehäkelt. Häkle die Maschen vor dem Mustersatz, danach den Mustersatz 15 x arbeiten und mit den Maschen nach dem Mustersatz enden, gefolgt von der Mittelzunahme wie beschrieben, danach wieder mit den Maschen vor dem Mustersatz beginnen, den Mustersatz 15 x arbeiten, und mit den Maschen nach dem Mustersatz und der Zunahme enden.

Nach 32 Reihen Relief-Mosaik die Arbeit mit 1 Reihe festen Maschen in Farbe A beenden.

Zum Schluss noch die Fäden vernähen, dann das Tuch baden, spannen und trocknen lassen.

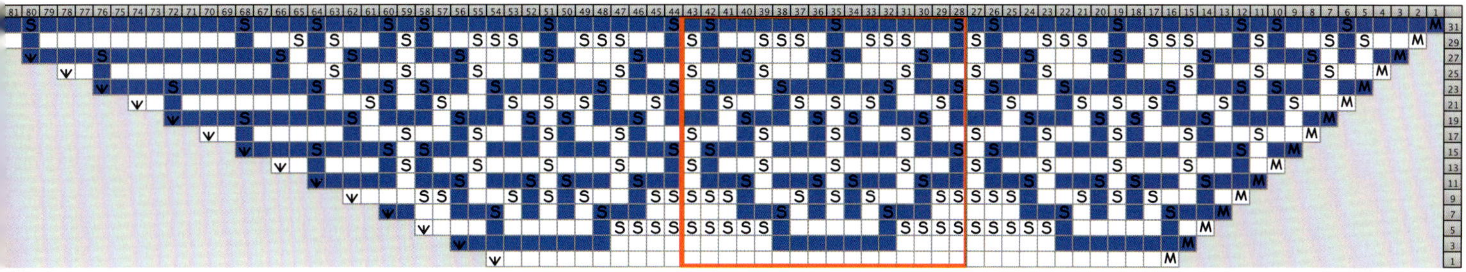

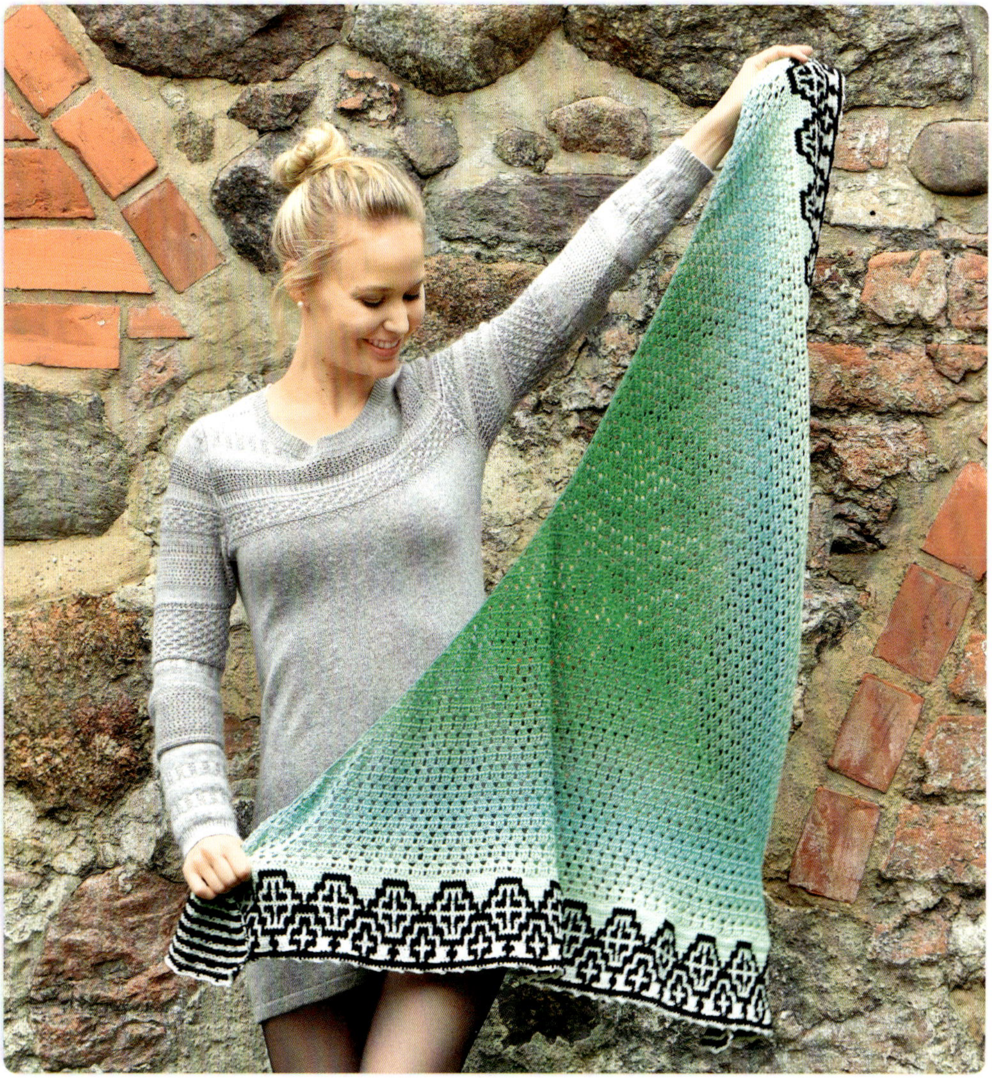

Werners Expertentipp:
Das Tuch wirkt besonders toll mit einem Verlaufsgarn. Achte darauf, dass dein Kontrastgarn für die Endkante auch einen deutlichen Kontrast bildet.

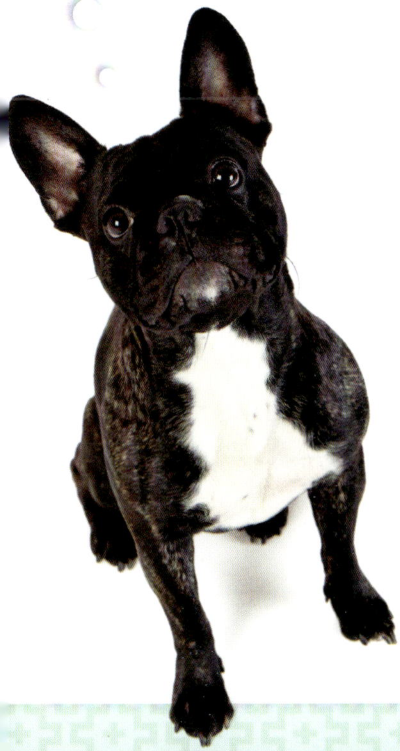

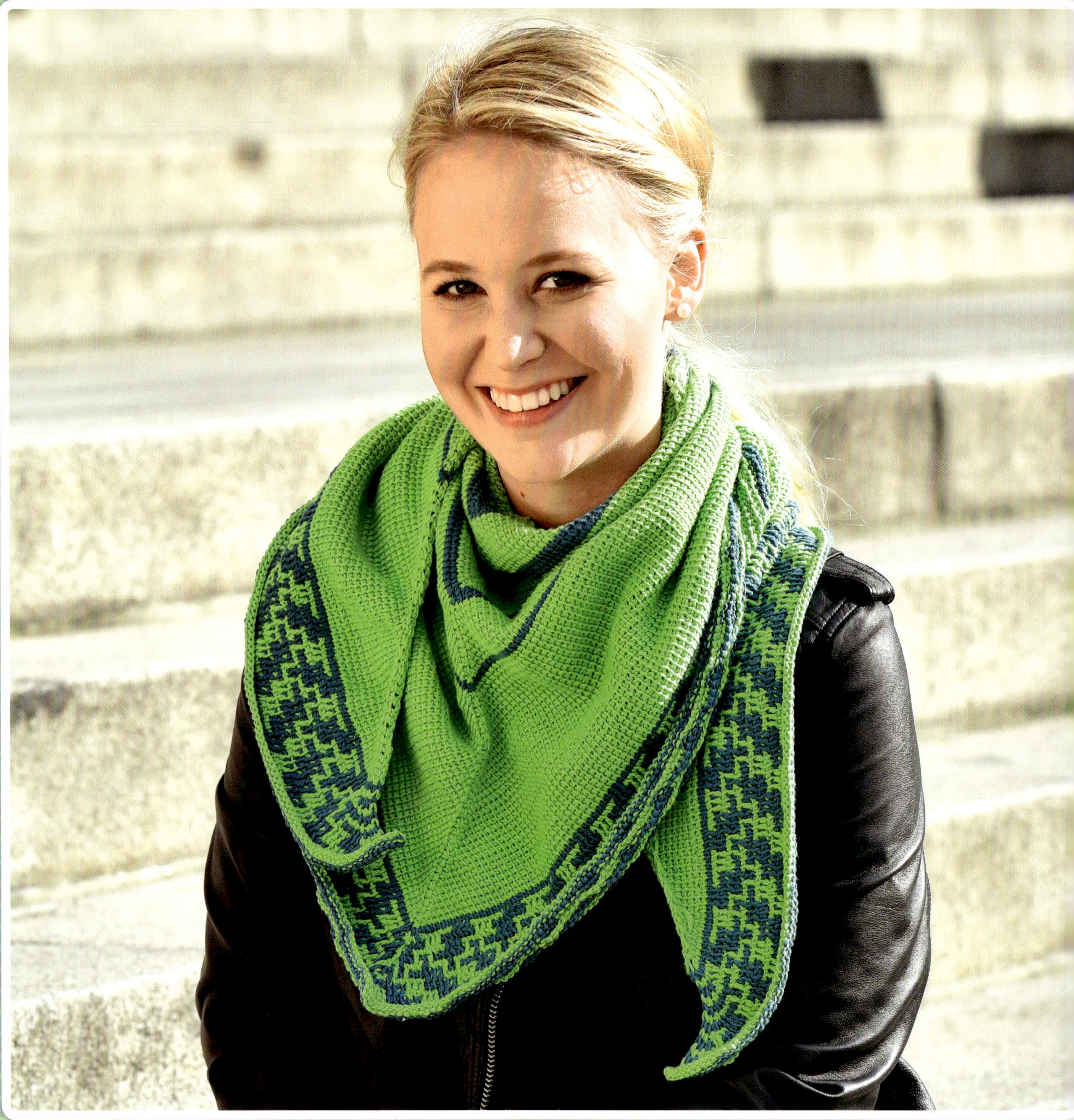

SPRING-BREAK

MATERIAL

- LANGYARNS „Baby Cotton" (100% Baumwolle, Lauflänge = 180 m/50 g): 250 g Grün (Farbe A) und 100 g Petrol (Farbe B)
- Eine tunesische Häkelnadel mit Seil 3,5 mm
- ein Maschenmarkierer

Maschenprobe im Grundmuster:
22 Maschen x 22 Reihen = 10 x 10 cm

Aufbau und Grundmuster:

Das Tuch wird im tunesischen Grundstich von der Mitte der oberen Kante aus gearbeitet.
Im oberen Teil gibt es Blockstreifen und es schließt mit einer Kante im Mosaikmuster ab. Der Farbwechsel funktioniert immer in einer Rückreihe, dabei wird abgemascht, bis sich nur noch 2 Schlaufen auf der Nadel befinden. Dann die neue Farbe nehmen und den Faden durch die beiden Schlaufen ziehen, die Fäden dabei NICHT kreuzen, nun bist du gerüstet für die nächste Reihe.

Streifenfolge:

15 Reihen Farbe A, 4 Reihen Farbe B, 10 Reihen Farbe A, 3 Reihen Farbe B, 10 R Farbe A, 2 Reihen Farbe B, 10 Reihen Farbe A, 1 Reihe Farbe B, 29 Reihen Farbe A = 84 Reihen.

SO WIRD'S GEMACHT

Beginne mit 7 Luftmaschen in Farbe A und häkle eine Grundreihe. Markiere dir mit einem Maschenmarkierer die mittlere Masche. Jetzt häkelst du für den Tuchkörper im Grundstich in der Streifenfolge weiter, dabei wiederholst du die Zunahmen der nächsten 2 Reihen fortlaufend, bis du beidseitig der Mittelmaschen jeweils 209 Maschen auf der Nadel hast:
1. Reihe: 1 Schlaufe aufnehmen = 2 Schlaufen auf der Nadel, 1 Zunahme, indem du die Nadel zwischen die nächsten beiden Maschen einstichst und eine neue Schlaufe herauf holst, bis zur markierten Masche häkeln, vor und nach der markierten Masche eine Masche zunehmen, bis vor die letzten beiden Maschen häkeln, 1 Zunahme, die letzten 2 Maschen im Grundstich. Du hast in dieser Reihe 4 Maschen zugenommen. Die Rückreihe beginnst du hier mit 2 Luftmaschen, statt nur einer.
2. Reihe: 1 Luftmasche, 1 Masche direkt nach der Randmasche zunehmen, 1 Masche im Grundstich, 1 Zunahme, bis zur markierten Mittelmasche häkeln, vor und nach der Mittelmasche 1 Masche zunehmen, bis zu den letzten beiden Maschen im Grundstich häkeln, 1 Zunahme, 1 Grundstich, 1 Zunahme, Randmasche. Du hast in dieser Reihe 6 Maschen zugenommen. Die Rückreihe wird nur mit einer Luftmasche begonnen. Hast du 209 Maschen erreicht, bist du bereit für deine Endkante. Häkle zunächst eine Grundreihe in Petrol mit den Zunahmen der 2. Reihe = 212 Maschen. Arbeite dann das Relief-Mosaik nach der doppelten Musterschrift. Beginne für die 1. Hälfte mit den Maschen vor dem 1. Mustersatz, arbeite den Mustersatz = 8 Maschen 26 x und ende mit den Maschen nach dem 1. Mustersatz, häkle dann die Mittelmasche, die 2. Hälfte beginnst du mit den Maschen vor dem 2. Mustersatz, häkelst den Mustersatz = 8 Maschen 26 x und endest mit den Maschen nach dem 2. Mustersatz. Wie in der Musterschrift gezeichnet nimmst du in jeder Reihe beidseitig je 2 Maschen und vor und nach der Mittelmasche je 1 Masche zu.
Wenn du die Musterschrift einmal gearbeitet hast, häkelst du noch eine weitere Reihe in Grün wie Reihe 2 und kettest dann mit Kettmaschen ab. Gönn deinem neuen Meisterwerk nun ein kleines Bad zur Entspannung und trockne es dann im Liegen, es muss nicht zwingend gespannt werden.

MUSTERSCHRIFT

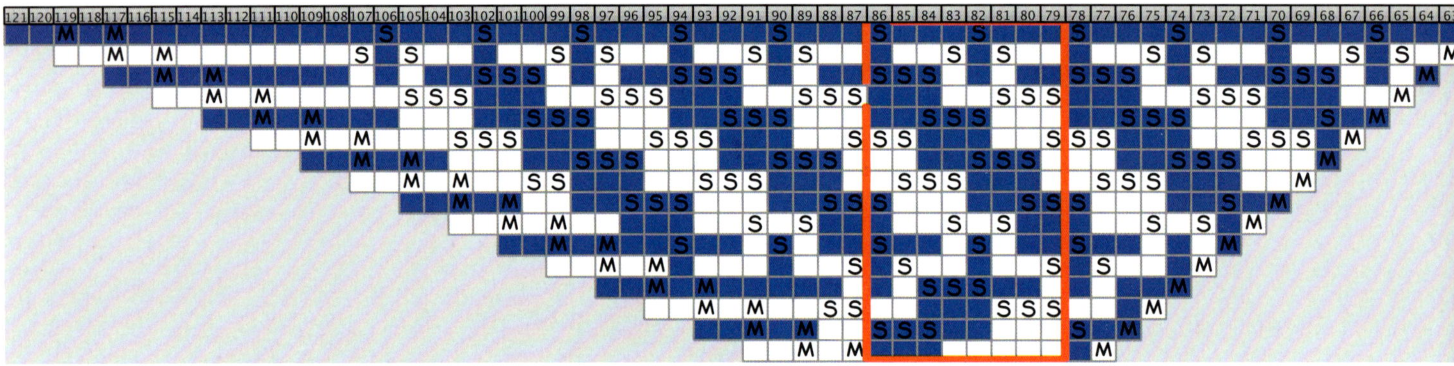

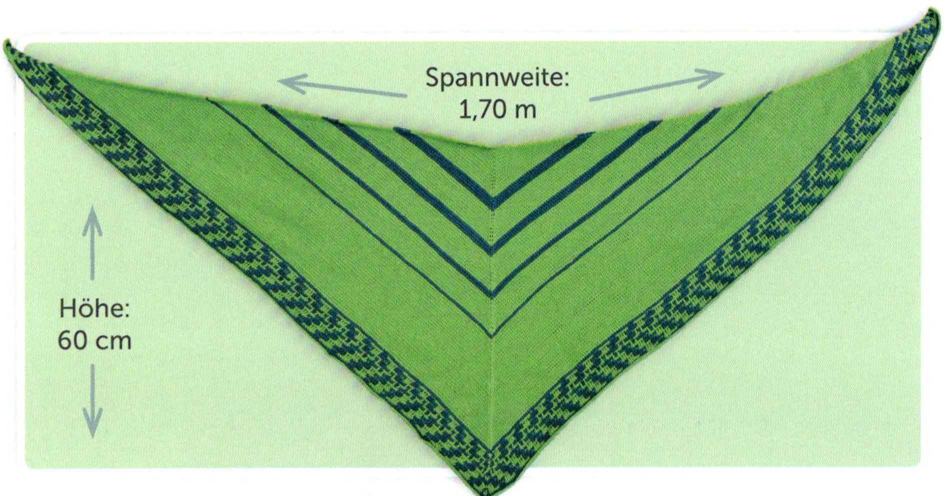

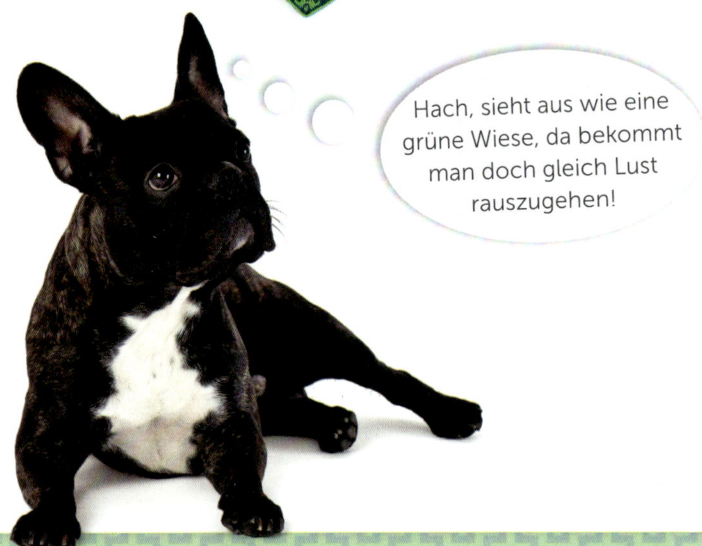

Raum für Individualität:

Du kannst bereits in deinem Tuchkörper mit Streifen arbeiten, das sieht auch toll aus. Ebenfalls kannst du deinen Tuchkörper im tunesischen Wabenmuster – also 1 Grundstich, 1 linkstunesische Masche im Wechsel und in jeder Reihe versetzt – oder auch im tunesischen Strickstich häkeln. Selbstverständlich kannst du auch die Streifenfolge ändern oder die Streifen im Tuchköper einfach weglassen. Möchtest du die geschwungene Form für dein Tuch nicht, so wiederhole für den Tuchkörper einfach nur die Zunahmen der 1. Reihe. Natürlich kannst du im Muster auch die Farben umdrehen, also hell gezeichnete Maschen mit dem dunklen Garn häkeln und die dunkel gezeichneten Maschen hell.

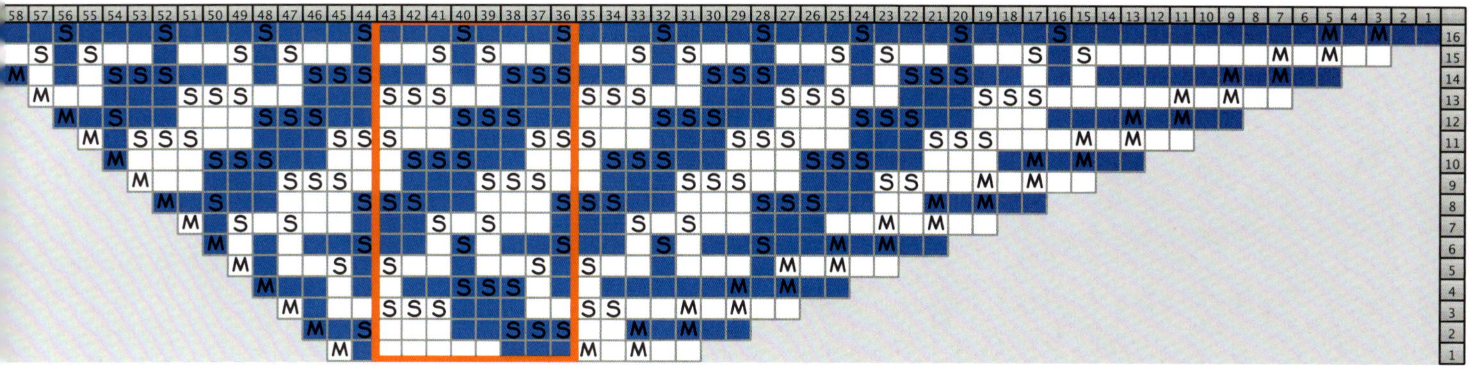

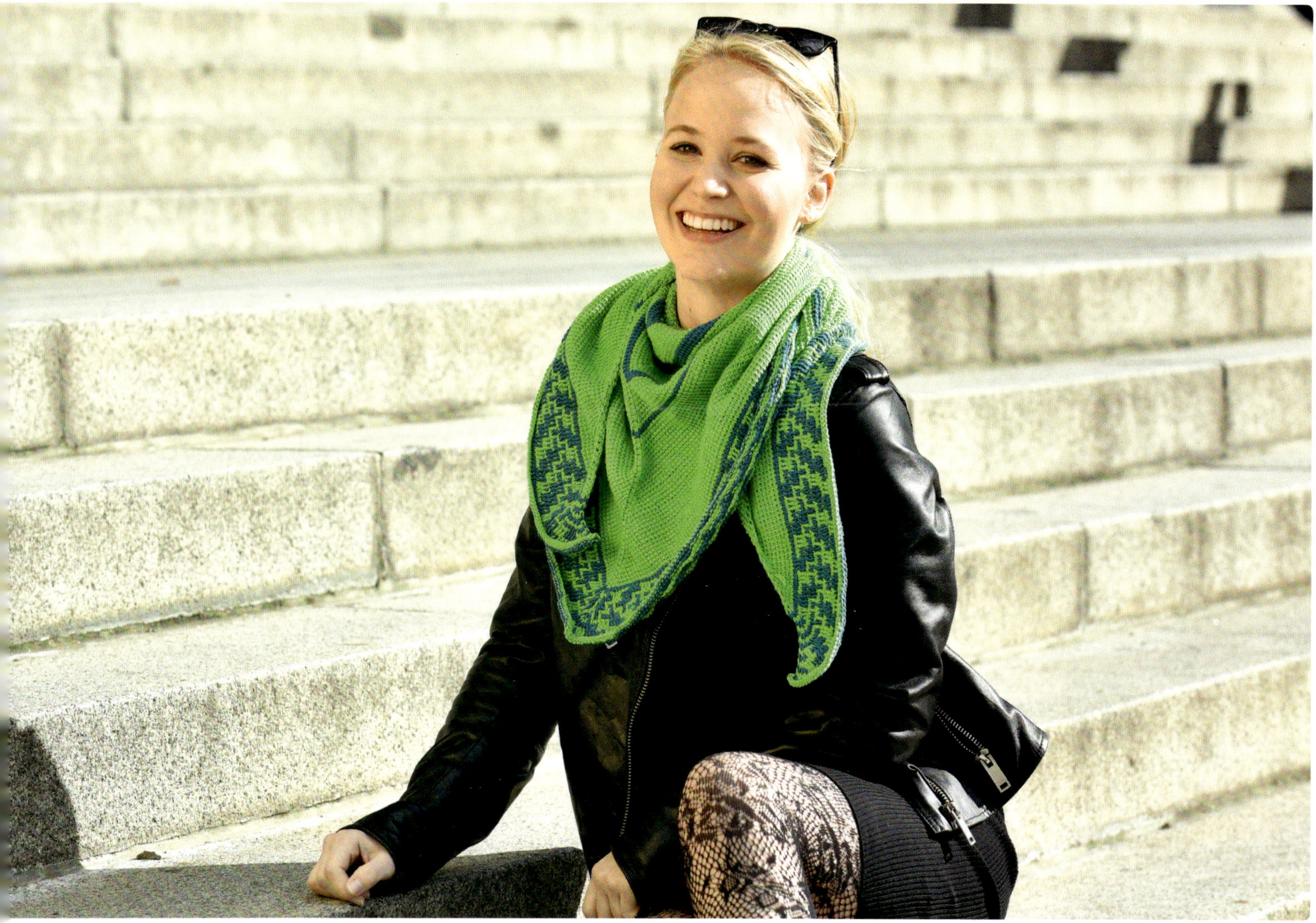

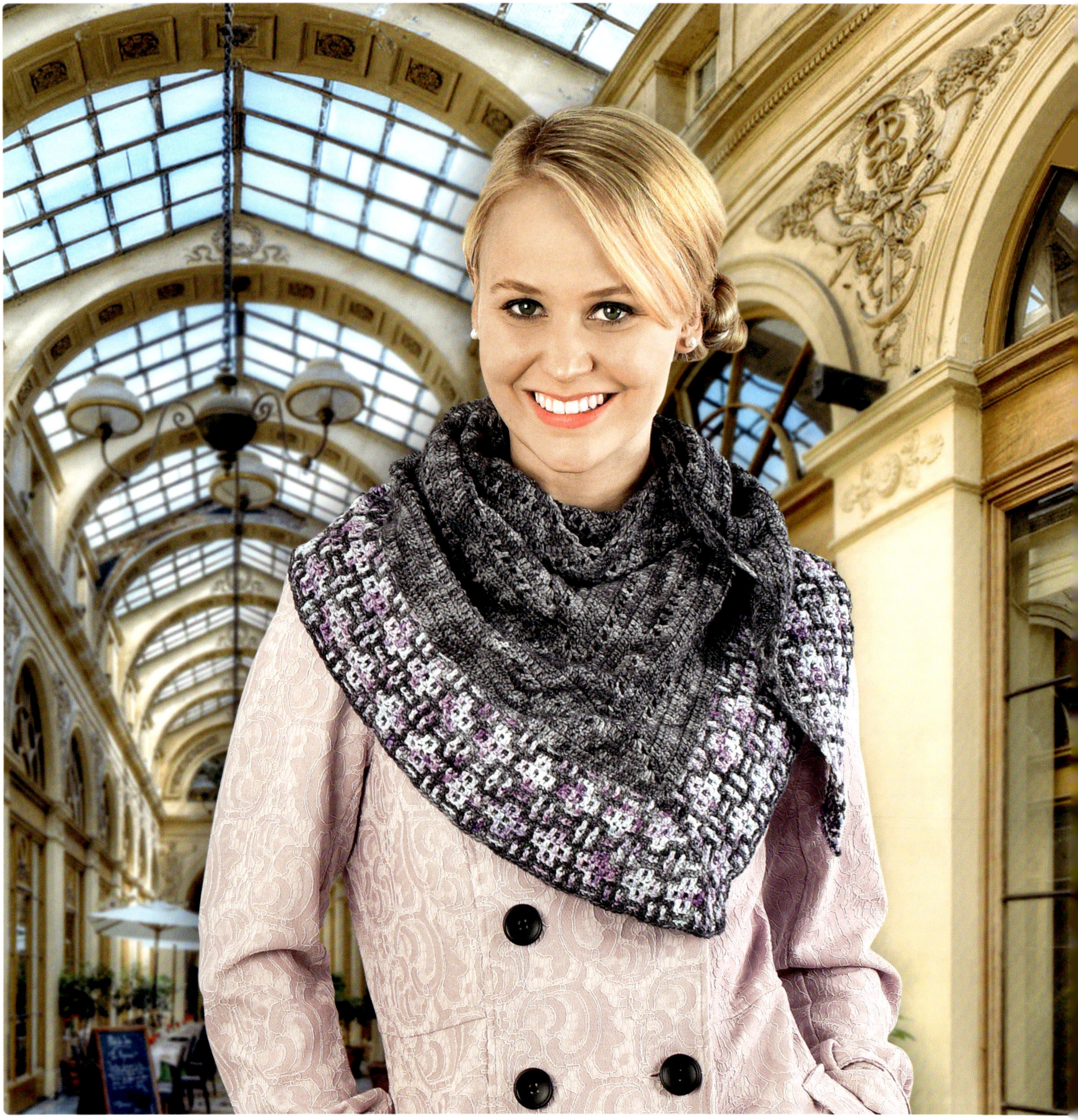

ALL-DAY-FASHION

MATERIAL

- Lütt Marie „Fine Merino Socks" (75 % Schurwolle, 25% Polyamid, Lauflänge 420 m/100 g): 200 g Grau meliert (Farbe A) und 100 g Rosa-Mint-Multicolor (Farbe B)
- Eine Häkelnadel 3,5 mm

Maschenprobe im Relief-Mosaik:
22 Maschen x 24 Reihen = 10 x 10 cm

Aufbau und Muster:

Das Tuch wird von oben aus der Mitte heraus gehäkelt und hat eine nach links schwingende Mitte. Du häkelst den Beginn des Grundmusters nach der Beschreibung unten. Danach häkelst du nach den Angaben im Text mit den Zunahmen weiter, es ergeben sich 2 zusammenhängende Dreiecke, die nicht symmetrisch sind.

Relief-Mosaik:

Bei diesem Tuch haben wir den Musterstreifen in der kompakten Variante gehäkelt, du kannst die Endkante natürlich auch in jeder anderen Variante arbeiten. Falls du nochmal nachschauen möchtest, findest du die Beschreibung auf Seite 14.

SO WIRD'S GEMACHT

Beginne mit einem Fadenring in Farbe A.
1. Reihe: 4 Luftmaschen, 5 Stäbchen, 2 Luftmaschen (= Mitte), 5 Stäbchen, 1 Luftmasche, 1 Stäbchen in den Ring häkeln.

Für die gezeigte asymmetrische Form beginnst du nun mit den unterschiedlichen Zunahmen, dabei nimmst du in jeder Hinreihe vor der Mitte insgesamt 5 Stäbchen und nach der Mitte insgesamt 3 Stäbchen zu, in der Rückreihe umgekehrt.
2. Reihe: 4 Luftmaschen, **2** Stäbchen in den Luftmaschen-Zwischenraum, 1 Stäbchen in jedes folgende Stäbchen bis zu den mittleren 2 Luftmaschen, dann (**1** Stäbchen + 2 Luftmaschen + **3** Stäbchen) in den mittleren Luftmaschenbogen, danach in jedes Stäbchen 1 Stäbchen arbeiten, mit (**2** Stäbchen, 1 Luftmasche und 1 Stäbchen) in den letzten Luftmaschen-Bogen der Vorreihe enden.

3. Reihe = Lochreihe: 1 Luftmasche, 1 Stäbchen in den Luftmaschen-Zwischenraum, 1 Luftmasche, (1 Stäbchen in das folgende Stäbchen, 1 Luftmasche, 1 Stäbchen aus der Vorreihe überspringen), dies bis zum mittleren 2-Luftmaschen-Zwischenraum arbeiten, 1 Luftmasche, (1 Stäbchen, 2 Luftmaschen, 3 Stäbchen) in den 2-Luftmaschen-Zwischenraum in der Mitte, 1 Luftmasche, (1 Stäbchen in das folgende Stäbchen, 1 Luftmasche, 1 Stäbchen aus der Vorreihe überspringen), dies bis zum Ende arbeiten, 1 Luftmasche, 1 Stäbchen, 1 Luftmasche, 1 Stäbchen in den Luftmaschen-Bogen aus dem Anfang.
4. Reihe: 4 Luftmaschen, 2 Stäbchen in den Luftmaschen-Zwischenraum, 1 Stäbchen in jedes folgende Stäbchen und unter jeden Luftmasche-Bogen, (3 Stäbchen, 2 Luftmaschen, 1 Stäbchen) in den 2-Luftmaschen-Zwischenraum in der Mitte, 1 Stäbchen in jedes folgende Stäbchen und in jeden Luftmaschen-Bogen, 2 Stäbchen, 1 Luftmasche, 1 Stäbchen in den Luftmaschenbogen aus dem Anfang.
Die Reihen 1–4 wiederholst du nun so lange, bis du 331 Maschen insgesamt hast. Die Maschenzahl sollte ein Vielfaches von 8 plus 3 Maschen betragen.

Nun beginnst du den Relief-Mosaikstreifen, arbeite dafür nach der Musterschrift. Beachte hierbei, dass du sowohl in der Hinreihe als auch in der Rückreihe musterst und ebenfalls zunehmen musst, wenn du in der kompakten Technik häkelst, in der jeweils nur eine Reihe mit jeder Farbe gehäkelt wird. Wenn dir das zu schwierig erscheint, so kannst du natürlich auch den Musterstreifen in der glatten oder in der strukturierten oder auch in der tunesischen Variante häkeln. Der rot eingerahmte Bereich in deiner Musterschrift kennzeichnet deinen Rapport, der in der Breite wiederholt wird.

Nach 22 Reihen Relief-Mosaik ist das Tuch fertig. Zum Schluss noch die Fäden vernähen, dann das Tuch baden, spannen und trocknen lassen.

MUSTERSCHRIFT

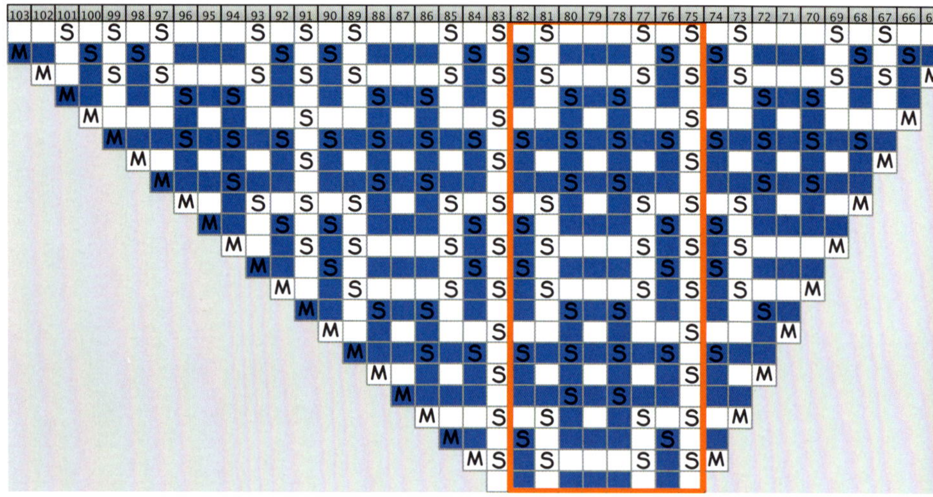

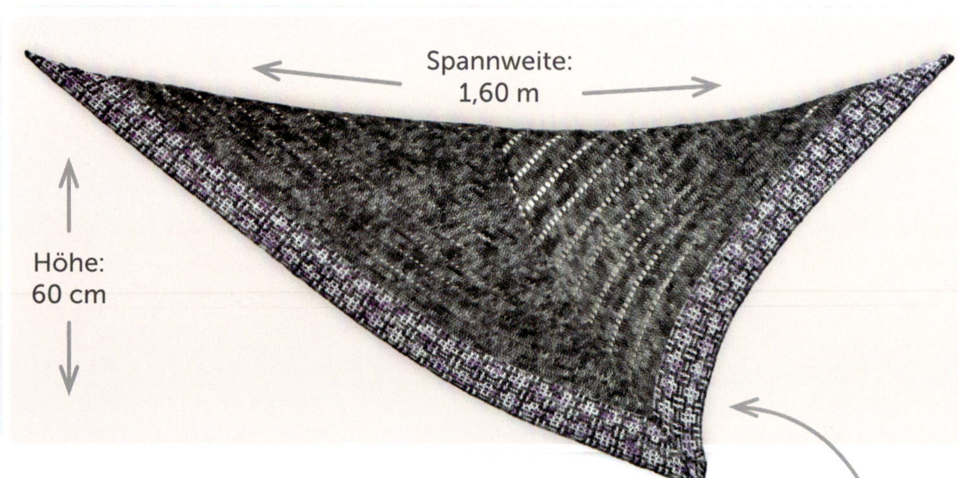

Pure Asymmetrie!

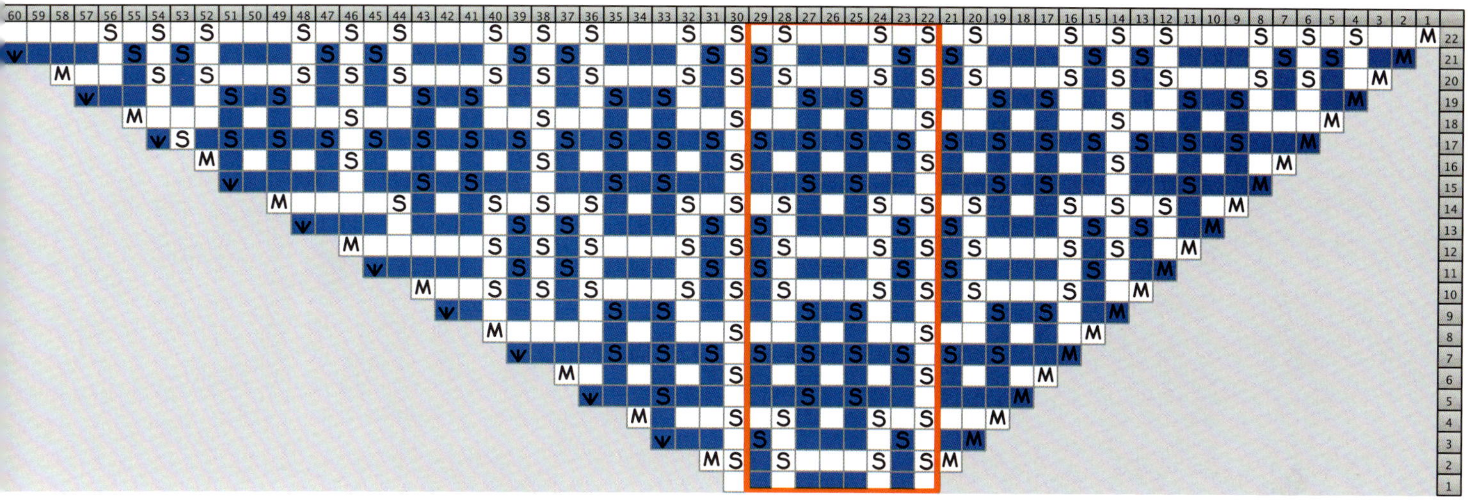

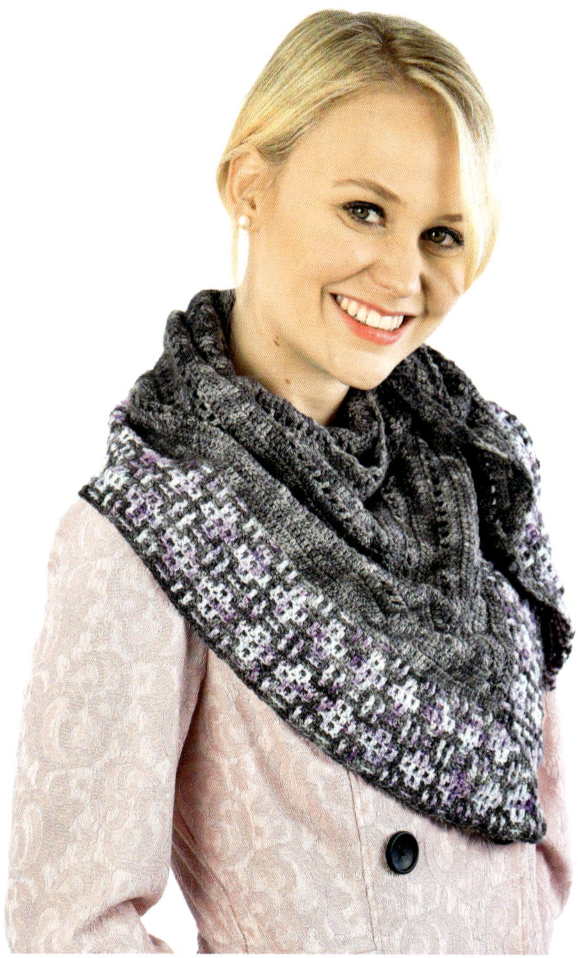

Raum für Individualität:

Du kannst jede 1. Reihe in deinem Kontrastgarn häkeln oder jede 3. Reihe, so erhältst du jeweils noch einen schönen Farbeffekt. Diesen Farbeffekt kannst du hier auf den beiden Minitüchern sehen.
Natürlich kannst du auch die Lochreihen weglassen, dann wiederholst du nur die Reihen 1 und 2 oder du häkelst mehr Löcher, dann wiederholst du jeweils nur die Reihen 3 und 4 – tob dich hier ruhig aus und mach dein Tuch zum individuellen Unikat.

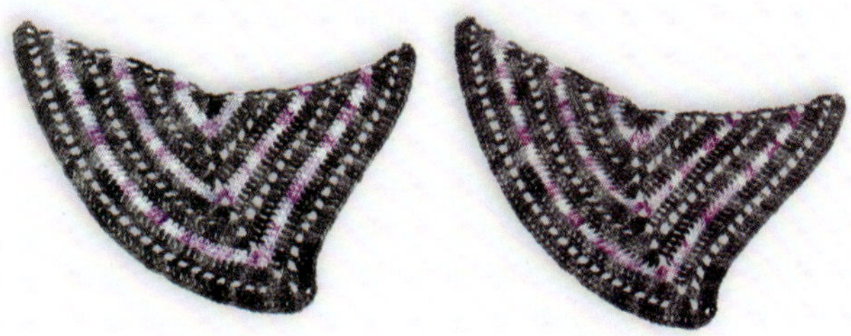

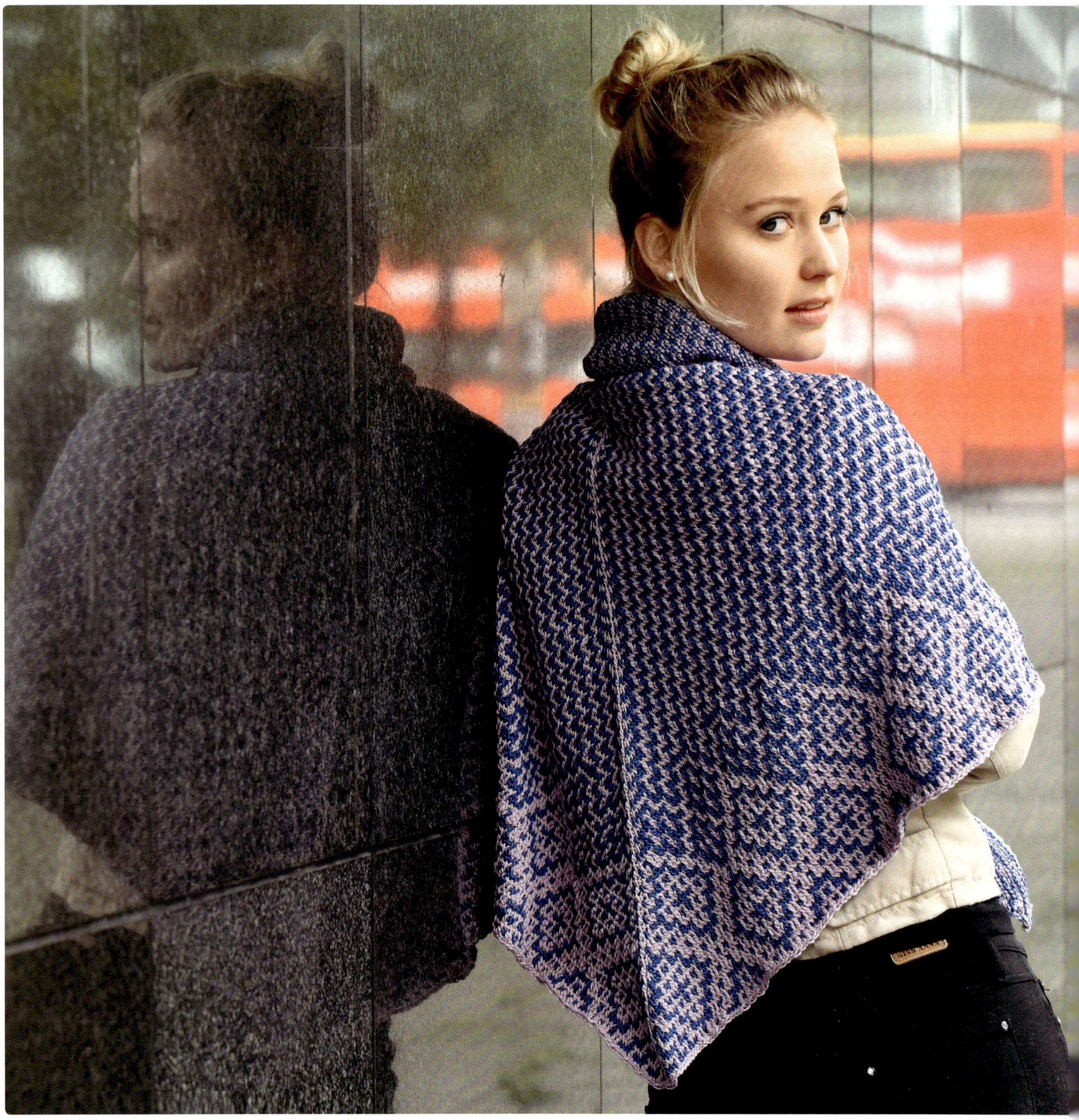

PURPLE RAIN

MATERIAL

- ggh „Majestra" (55 % Seide, 45% Baumwolle, Lauflänge 150 m/50 g): 350 g Flieder (Farbe A) und Blau (Farbe B)
- Eine tunesische Häkelnadel mit Seil, 3 mm

Maschenprobe: 24 Maschen x 20 Reihen = 10 x 10 cm

Aufbau und Grundmuster:

Dieses wunderschöne Tuch häkelst du komplett durchgemustert, von oben aus der Mitte heraus. Lass dich dabei von der üppigen Musterschrift nicht beeindrucken, das Muster des Tuchkörpers ist recht leicht und einprägsam und die Endkante ist reine Zählarbeit. Deine Freundinnen wirst du mit diesem Träumchen in Wolle auf jeden Fall beeindrucken. Das Tuch wird im tunesischen Grundstich gearbeitet.

Dabei wird in jeder Reihe die Farbe gewechselt. Der Farbwechsel funktioniert immer in einer Rückreihe, dabei wird abgemascht, bis sich nur noch 2 Schlaufen auf der Nadel befinden. Dann die neue Farbe nehmen und den Faden durch die beiden Schlaufen ziehen, nun bist du gerüstet für die nächste Reihe.

In der Musterschrift siehst du 2 Dreiecke, diese bilden die rechte und die linke Seite deines Tuches. Du nimmst an 4 Stellen im Tuch zu, also am rechten Rand, vor der Mittelmasche, nach der Mittelmasche und am linken Rand. Die Zunahmen (= M) sind in der Musterschrift eingezeichnet.

SO WIRD'S GEMACHT

Im Prinzip häkelst du 2 nebeneinander liegende Dreiecke, die jedoch zusammenhängend sind. Da sich das aber als Zeichnung schwer darstellen lässt, haben wir die Dreiecke getrennt dargestellt. Die grauen Kästchen dazwischen dienen hier als Platzhalter für die Zunahmen, du zählst und häkelst diese nicht mit. Die Mittelmasche zwischen den beiden Dreiecken verändert sich nicht, sie steht also immer in der Mitte zwischen den 2 Dreiecken. Nun aber genug der Theorie, los geht's!

Beginne mit 7 Luftmaschen in Farbe A und häkle eine Grundreihe. Diese 7 Maschen sind nun deine Basis und bilden die 1. Reihe in der Musterschrift. Danach wechselst du die Farbe und häkelst nach der Musterschrift weiter. Für die Zunahmen stichst du stets zwischen 2 Maschen ein und holst eine Schlaufe herauf.

Häkle nun zunächst alle Reihen bis zu dem rot eingerahmten Teil.

Der rot eingerahmte Teil steht hier exemplarisch für deinen Muster-Höhenrapport. Möchtest du dein Tuch vergrößern, dann kannst du diesen bis zur gewünschten Größe wiederholen. Im angegebenen Beispiel haben wir ihn 16 mal gehäkelt, bevor es mit der Endkante los ging.

Danach arbeitest du die Reihen oberhalb des Höhenrapports. Beginne für das 1. Dreieck mit den Maschen vor dem 1. grün gezeichneten Mustersatz, arbeite den Mustersatz = 24 Maschen 6 x und ende mit den Maschen nach dem 1. Mustersatz, häkle dann die Mittelmasche, das 2. Dreieck beginnst du mit den Maschen vor dem 2. Mustersatz, häkelst den Mustersatz = 8 Maschen 6 x und endest mit den Maschen nach dem 2. Mustersatz.

Führe die Zunahmen wie gezeichnet fort. Nach der letzten Reihe der Musterschrift kettest du die Maschen mit Kettmaschen in Farbe A ab, vernähst noch alle Fäden, dabei die 7 Luftmaschen aus dem Anfang zu einem Ring zusammenziehen – und fertig ist dein Meisterwerk.

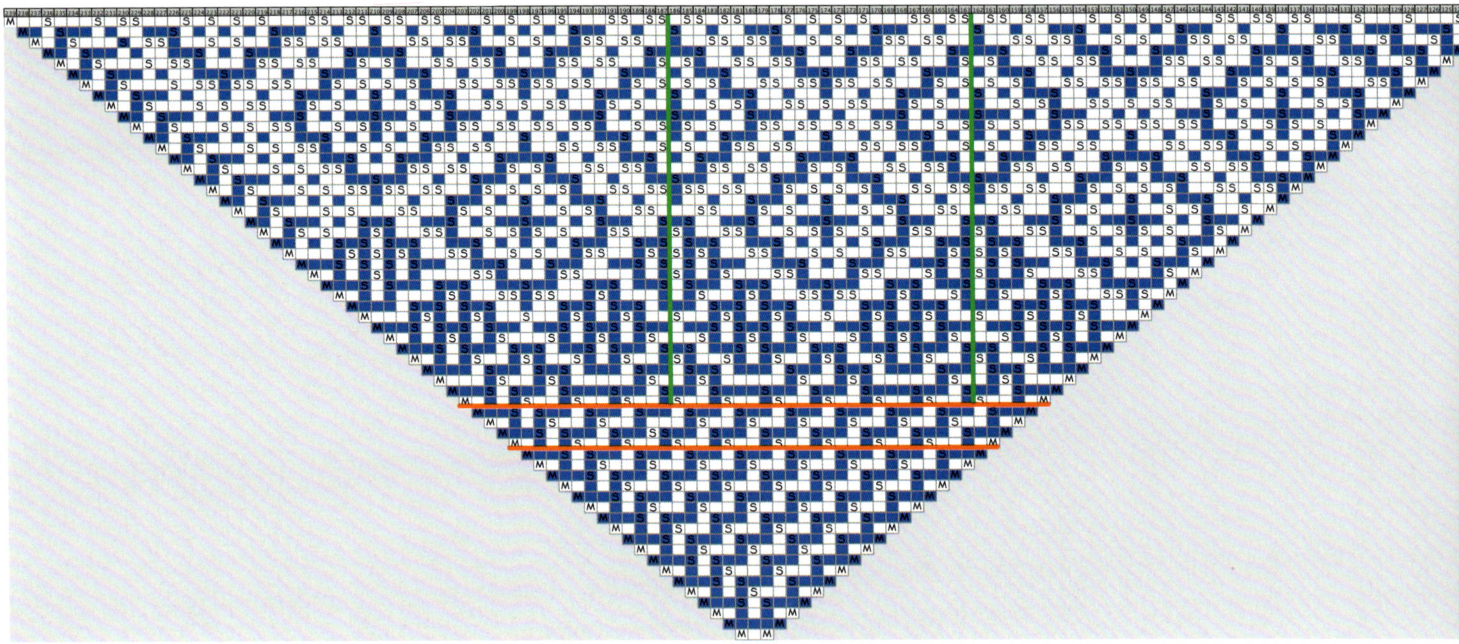

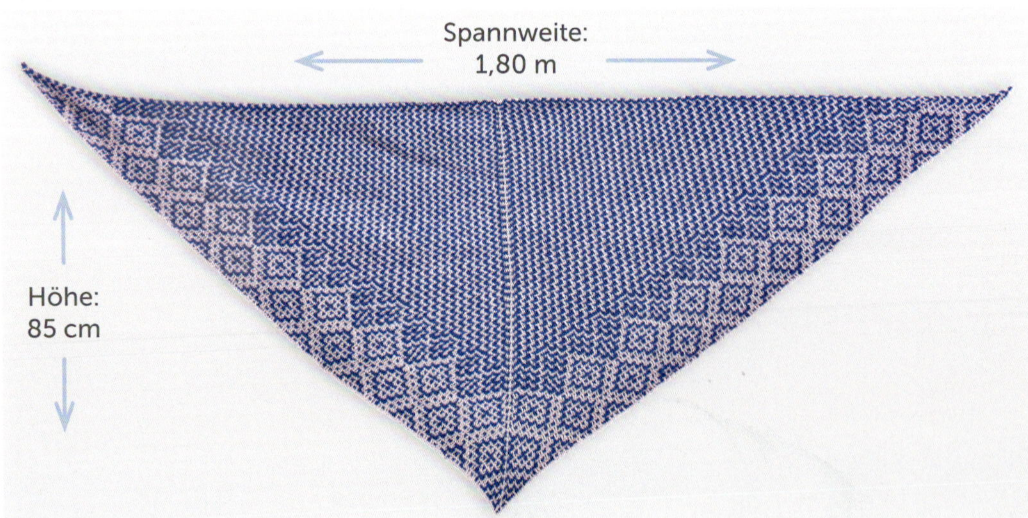
Spannweite:
1,80 m
Höhe:
85 cm

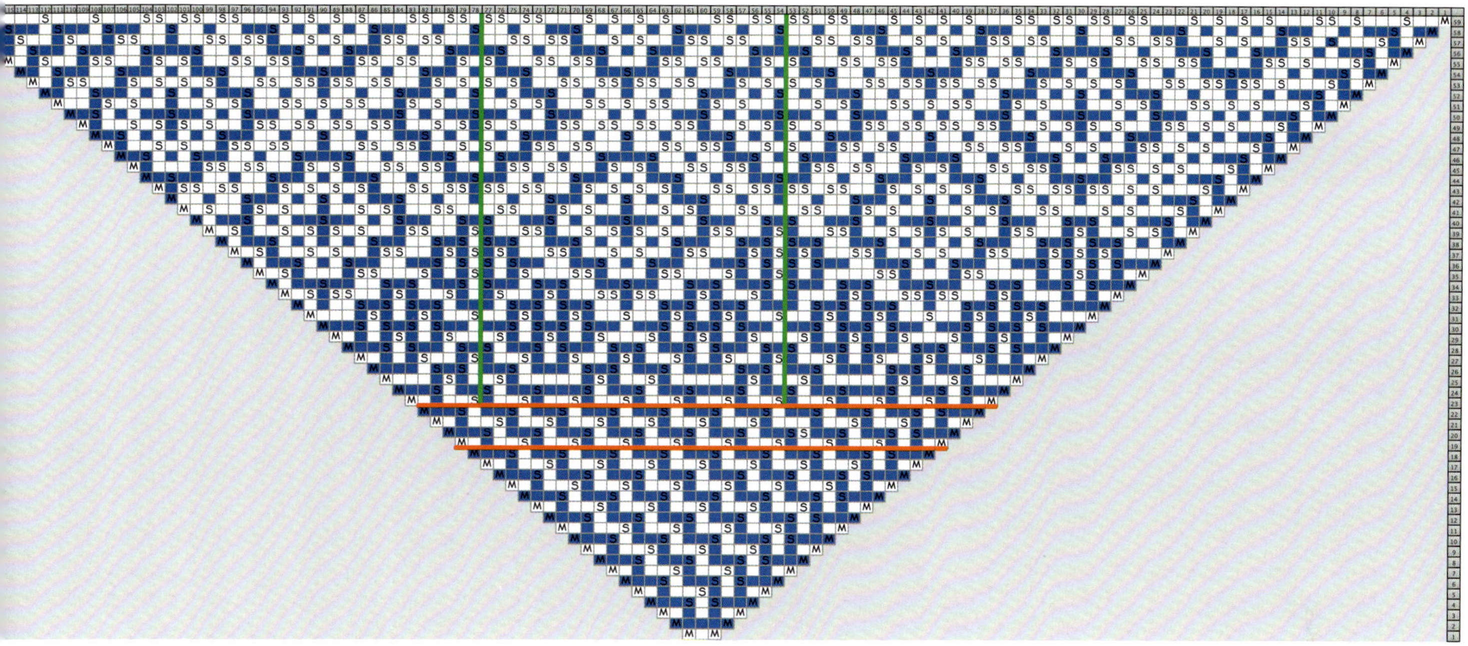

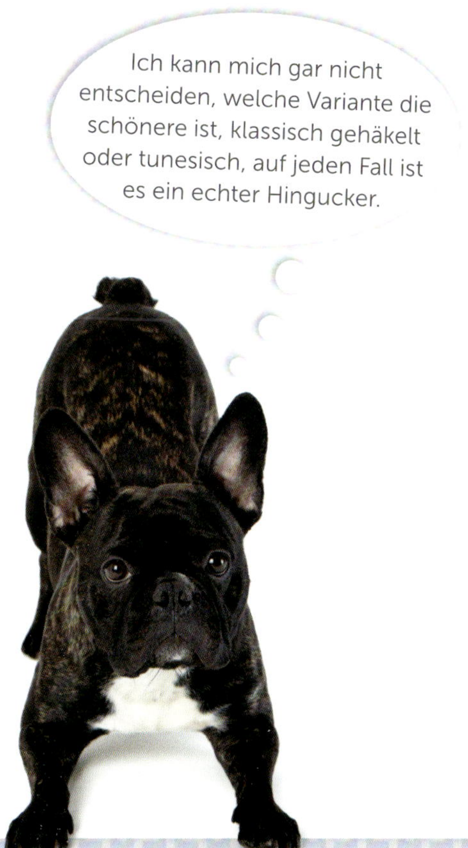

Raum für Individualität:

Möchtest du dein Tuch noch größer häkeln, kannst du den rot eingerahmten Höhenrapport öfter wiederholen. Beachte dabei, dass du aber immer 3 Höhenrapporte brauchst, damit du insgesamt 8 Maschen pro Dreieck zunimmst, damit der nachfolgende Mustersatz = 24 Maschen der Bordüre wieder in der Maschenzahl aufgeht. Du kannst für die Endkante auch eine weitere Farbe als Kontrastfarbe wählen, auch das ist ein schöner Effekt.

Das komplette Tuch kannst du auch in der klassischen Relieftechnik häkeln, egal in welcher Form. Wie das wirkt im Gegensatz zum tunesischen Mosaik zeigt dir das kleine Mustertuch im Bild.

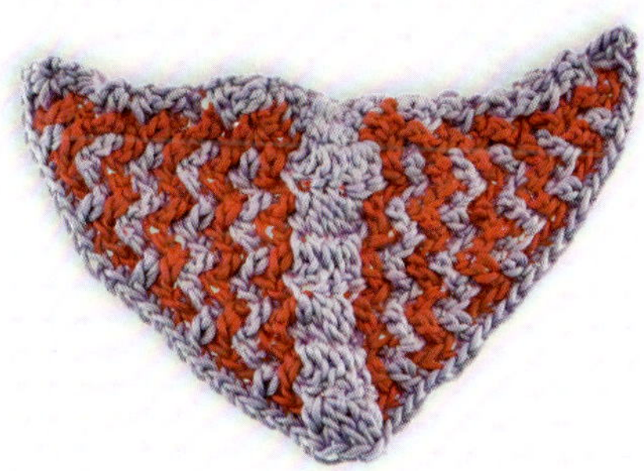

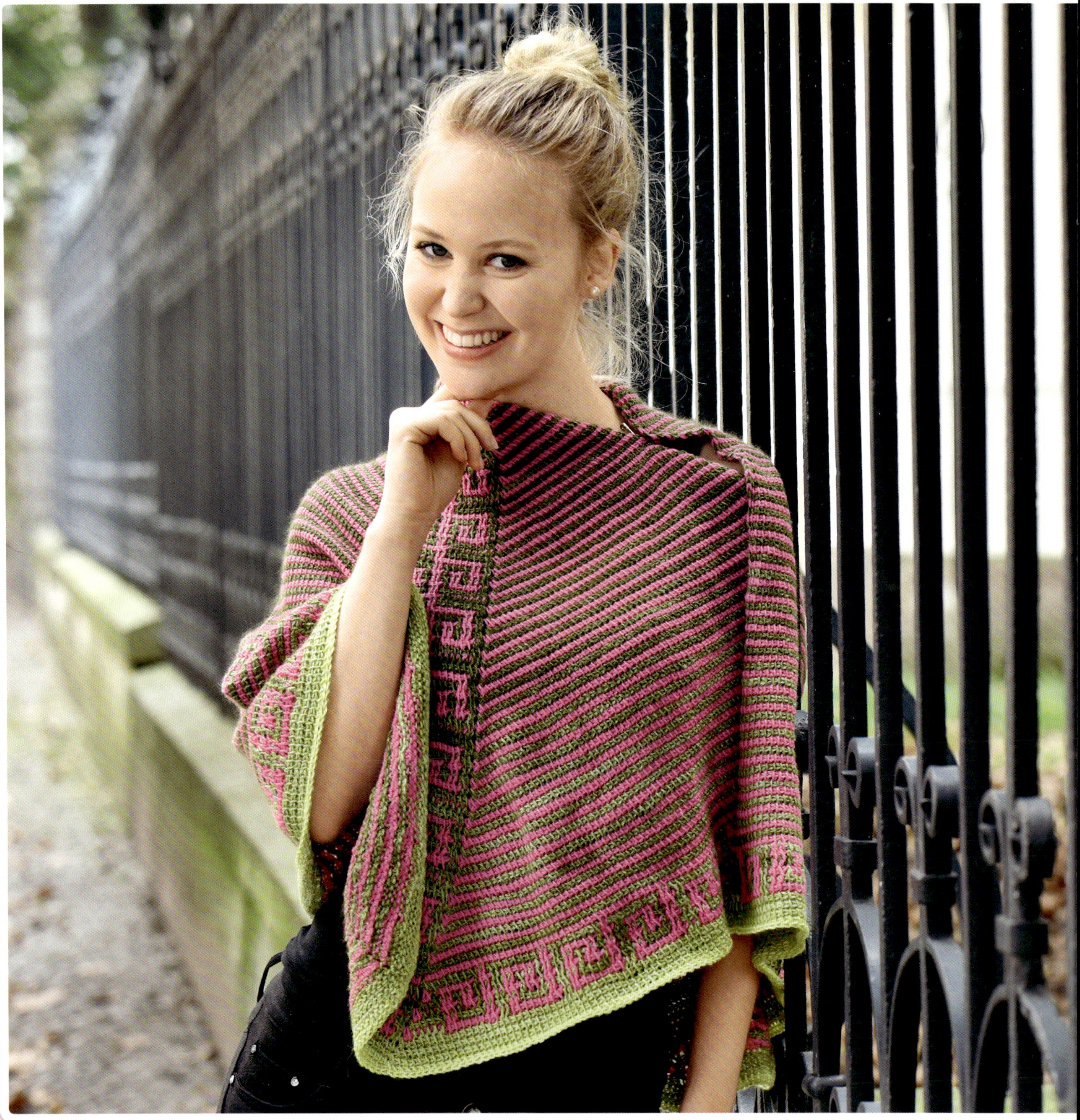

GRIECHISCHE GÖTTIN

MATERIAL

- LANGYARNS „Puno" (55 % Schurwolle (Merino extrafine), 30 % Baby Alpaka, 15% Seide, Lauflänge 800 m/200 g): 200 g Grün-Farbverlauf (Farbe A).
- LANGYARNS „Merino 200 Bebe" (100 % Schurwolle (Merino extrafine), Lauflänge 203 m/50 g): 150 g Pink (Farbe B)
- Eine tunesische Häkelnadel mit Seil 4 mm
- 4 Maschenmarkierer

Maschenprobe im Grundstich:
22 Maschen x 17 Reihen = 10 x 10 cm

Aufbau und Grundmuster:

Das Tuch wird im tunesischen Grundstich von der Mitte der oberen Kante aus gearbeitet. Die Musterstreifen helfen dir deine Zunahmestellen zu finden.
Es wird nach jeder Reihe die Farbe gewechselt. Der Farbwechsel funktioniert immer in einer Rückreihe, dabei wird abgemascht, bis sich nur noch 2 Schlaufen auf der Nadel befinden. Dann die neue Farbe nehmen und den Faden durch die beiden Schlaufen ziehen, nun bist du gerüstet für die nächste Reihe.

SO WIRD'S GEMACHT

Beginne mit 9 Luftmaschen in Farbe A und häkle eine Grundreihe.
Markiere dir nun die 3. und 4. Masche, indem du sie mit 2 Maschenmarkierern (einen rechts und einen links davon) einschließt. Markiere dir auch die 6. und 7. Masche auf die gleiche Weise. Deine Maschenaufteilung sieht nun so aus:
2 Maschen vor der 1. Markierung, 2 markierte Maschen, 1 Mittelmasche, 2 markierte Maschen, 2 Maschen nach der 2. Markierung.
Die 2 x je 2 markierten Maschen sind der Beginn deiner 2 Relief-Mosaikstreifen. Wechsle zu Farbe B und häkle über den markierten Maschen jeweils im Relief-Mosaik nach der Musterschrift weiter. Diese 2 eingeschlossenen Maschen markieren nun deine 2 Musterstreifen. Du folgst für die Musterstreifen nun deinem Zählmuster, die restlichen Maschen häkelst du ohne Muster im Grundstich. Folge nun deiner Musterschrift, für die ersten 8 Reihen nimmst du innerhalb deiner Maschenmarkierer (= MM) zu – so wird dein Musterstreifen breiter. Deine Randmaschen und die Maschen zwischen den Musterstreifen verändern sich dabei nicht.
Für die ersten 8 Reihen nimmst du nun, wie in der Musterschrift gezeichnet, folgendermaßen zu:
Randmasche, 1. Masche, MM, NACH dem MM 1 Masche zunehmen, bis VOR den nächsten MM häkeln, 1 Masche zunehmen, MM, 1 Masche Grundstich, Maschenmarkierer, NACH dem MM 1 Masche zunehmen, bis VOR den nächsten MM häkeln, 1 Masche zunehmen, MM, 1 Masche Grundstich, Randmasche.
Auf die Art und Weise nimmst du in jeder Reihe 4 Maschen zu, und zwar innerhalb des Musterstreifens. Diese Zunahmen findest du auch in deiner Musterschrift. Dein Musterstreifen, der von den MM eingeschlossen ist, ist am Ende der 8. Reihe 18 Maschen breit.

Ab der 9. Reihe ändern sich die Positionen der Zunahmen und sie bleiben so bis zur Endkante deines Tuches. Arbeite wie folgt: Im Grundstich bis vor den MM des 1. Relief-Mosaikstreifens häkeln, 1 Masche zunehmen, die 18 Maschen des Relief-Mosaikstreifens häkeln, 1 Masche zunehmen, bis vor den MM des 2. Musterstreifens häkeln, 1 Masche zunehmen, die 18 Maschen des Relief-Mosaikstreifens häkeln, 1 Masche zunehmen und die Reihe im Grundstich beenden. Die Fläche vor und nach den Relief-Mosaikstreifen erweitert sich in jeder Reihe um 1 Masche, die Fläche zwischen den Relief-Mosaikstreifen um 2 Maschen. Für die Relief-Mosaikstreifen wiederholst du die 9.–16. Reihe (1 Höhenrapport = 8 Reihen), bis du 11 Höhenrapporte ab dem Versetzen der Zunahmen gehäkelt hast. Du hast nun an den Außenflächen beideitig der Relief-Mosaikstreifen je 90 Maschen und in der Mitte zwischen den Relief-Mosaikstreifen 177 Maschen.

MUSTERSCHRIFT

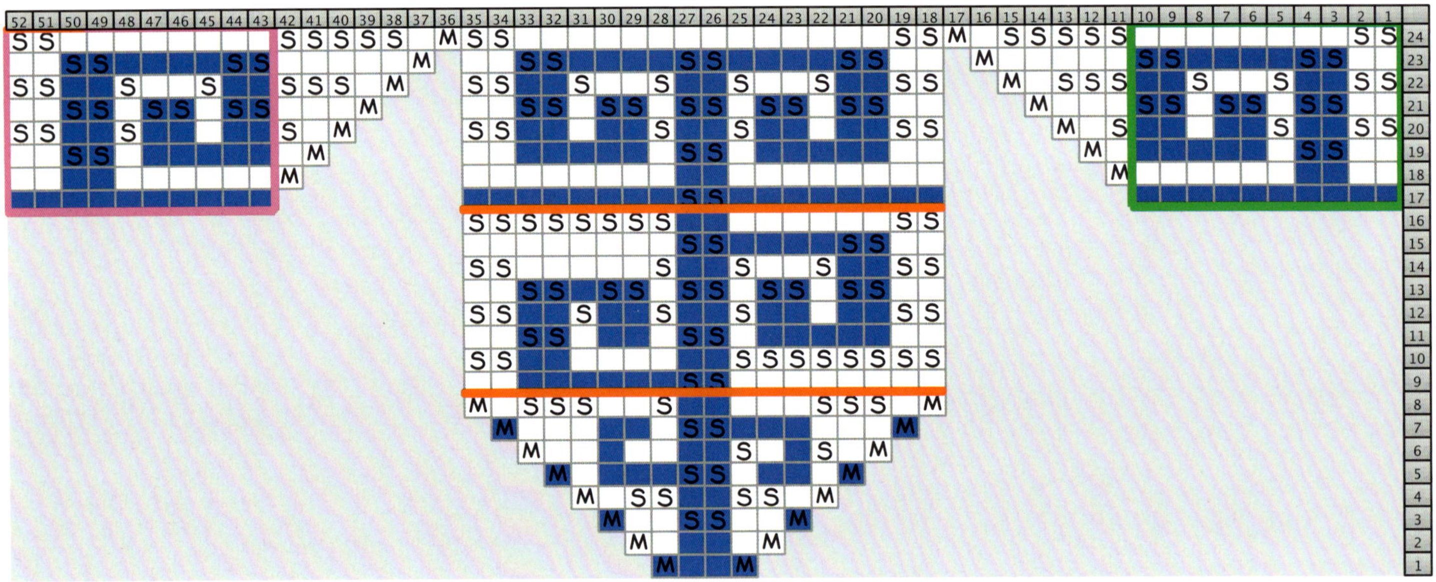

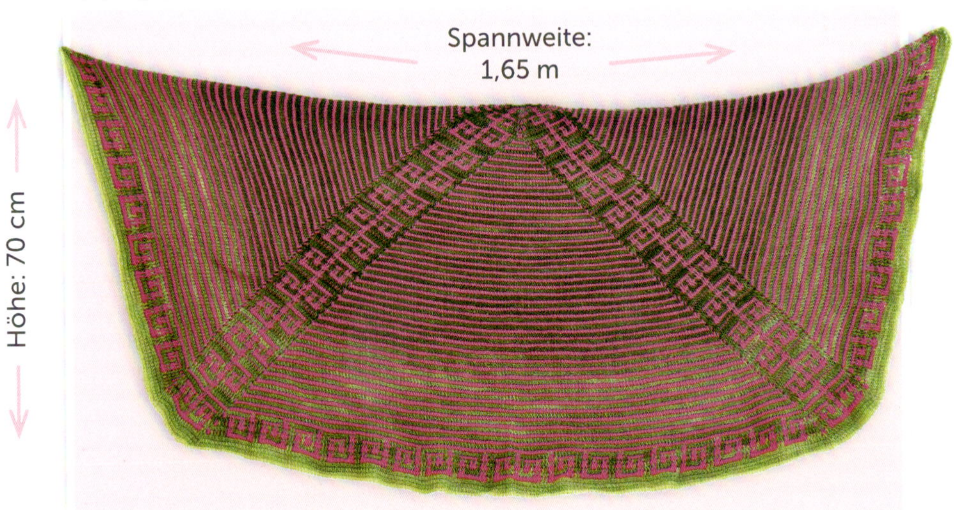

Raum für Individualität:

Beim gezeigten Tuch haben wir komplett im tunesischen Grundstich und mit dem tunesischen Relief-Mosaik gearbeitet. Du kannst das Tuch selbstverständlich auch in einer klassischen Variante häkeln, das heißt nur mit festen Maschen. Du kannst hier auch prima Wollreste verarbeiten, zum Beispiel, wenn du nach jedem Rapport die Kontrastfarbe wechselst, das gibt dem Tuch noch einmal einen ganz individuellen Look.

Nun folgt die Endkante. nach den Reihen 17–24 nach deiner Musterschrift, dabei führst du die Zunahmen in jeder Reihe fort, sie sind in der Musterschrift mit eingezeichnet. Bei dem grünen und pinken Mustersatz sind jeweils 10 Maschen gezeichnet. Beginne deine Reihe laut Musterschrift und häkle die 9 Mustersätze aus dem grün eingerahmten Bereich, dann setzt du den 1. Relief-Mosaikstreifen fort, häkle dann 9 Mustersätze nach dem pink eingerahmten Mustersatz, lass jedoch die letzte Masche im letzten Mustersatz weg. Du bist nun in der Mitte des Tuches, ab hier wird nun die Musterschrift einmal wiederholt. Häkle dafür nun die Mustersätze des grün eingerahmten Bereiches, lass jedoch im 1. Mustersatz die ersten beiden Maschen weg, danach setzt du deinen 2. Musterstreifen wie den ersten fort und endest mit den 9 Mustersätzen aus dem pink eingerahmten Bereich. Nach 8 Reihen Endkante häkelst du über alle Maschen noch 3 Reihen im Grundstich in Farbe A, auch dabei führst du die Zunahmen weiter. Kette am Ende alle Maschen mit Kettmaschen ab.

Jetzt noch alle Fäden vernähen, einmal abdämpfen oder waschen und in Form ziehen und schon kann es ausgeführt werden. Kleiner Tipp – mit einer Schalnadel oder einem Knebelverschluss wird aus dem heißen Teilchen auch ein kleines Cape – ideal für kühle Abende.

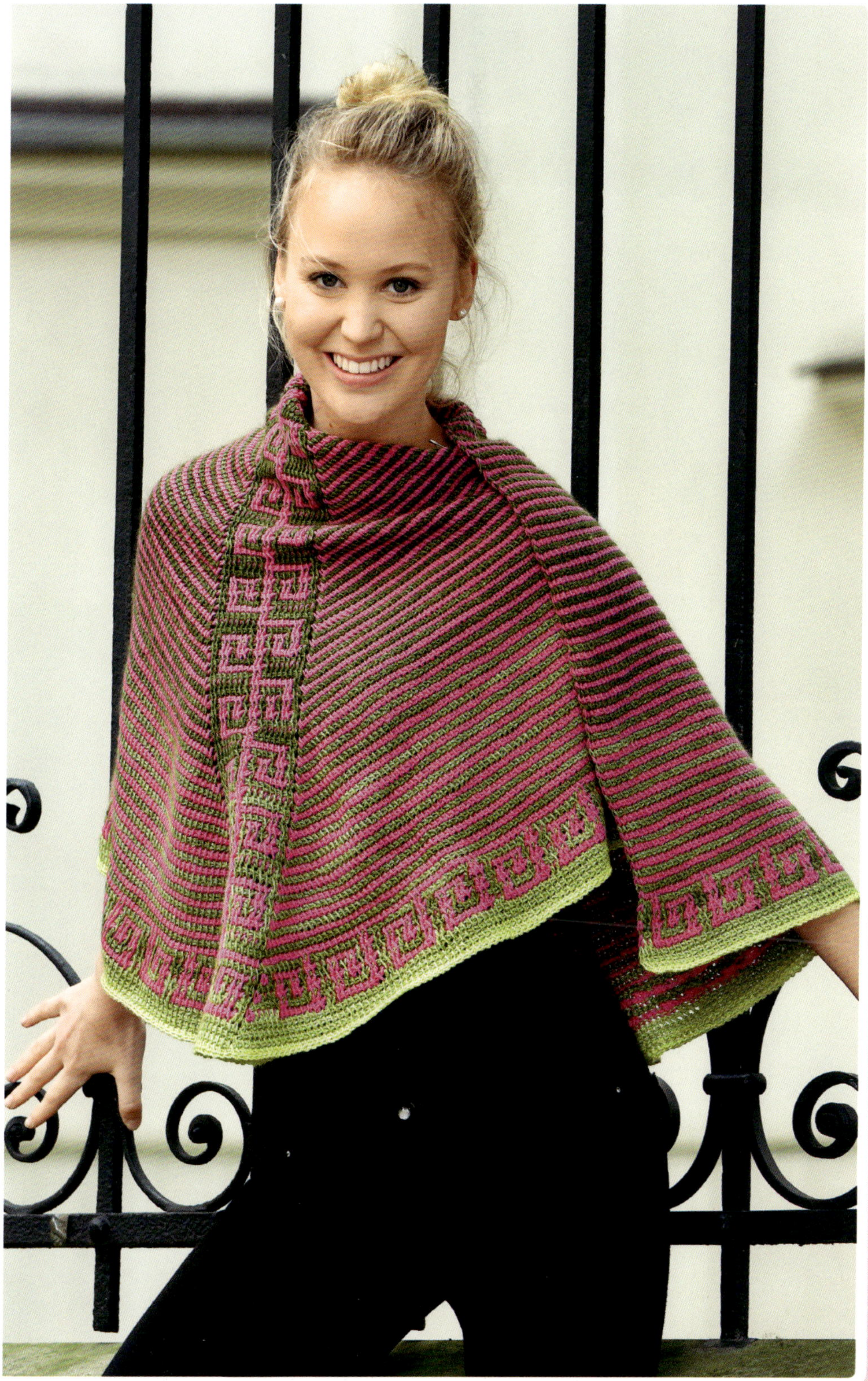

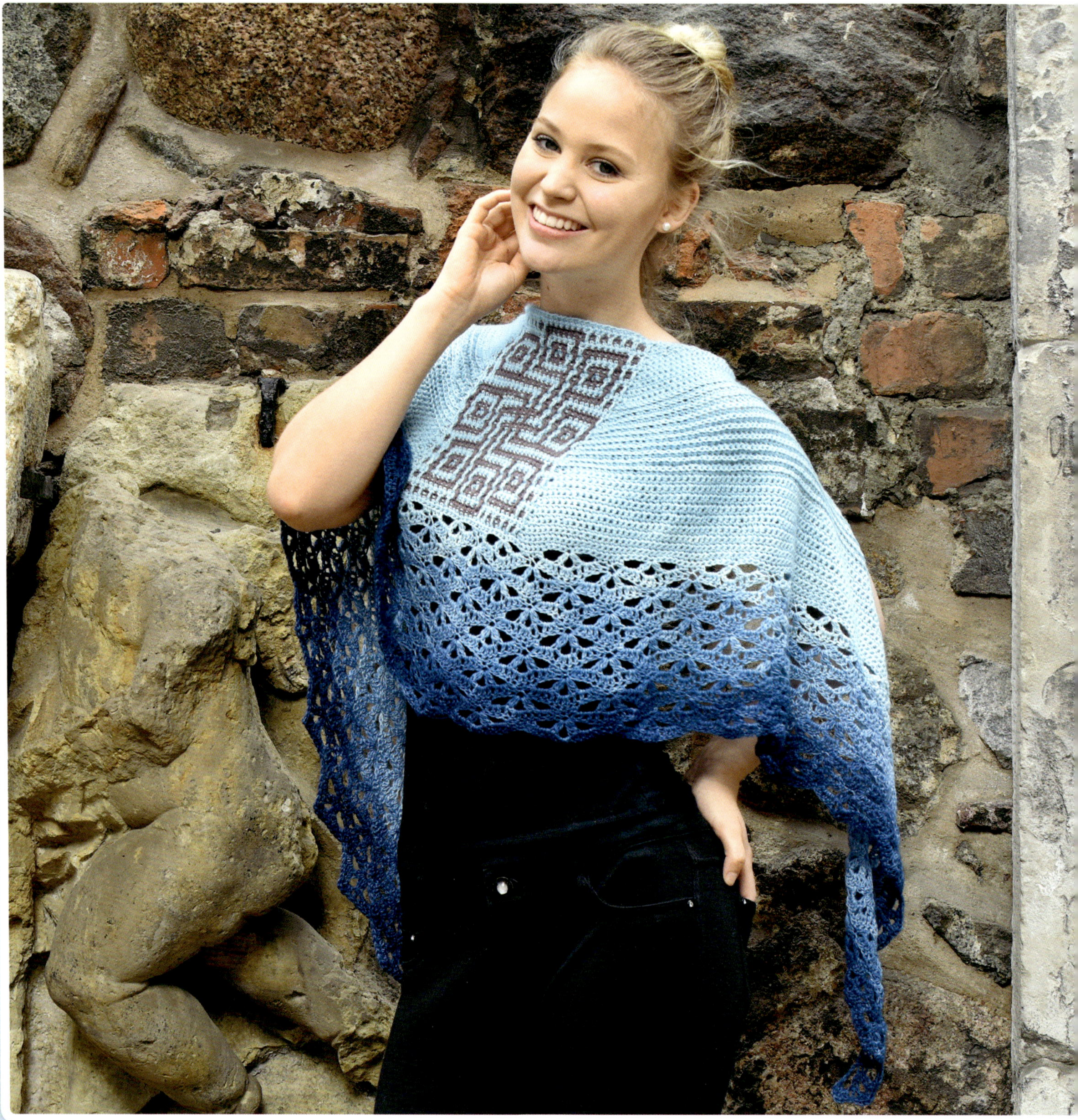

WELLENREITER

MATERIAL

- LANGYARNS „Puno" (55 % Schurwolle (Merino extrafine), 30 % Baby Alpaka, 15 % Seide, Lauflänge 800 m/200 g): 200 g Blau-Farbverlauf (Farbe A).
- LANGYARNS „Merino 200 Bebe" (100 % Schurwolle (Merino extrafine), Lauflänge 203 m/50 g): 150 g Altrosa (Farbe B)
- Eine Häkelnadel 4 mm
- 2 Maschenmarkierer

Maschenprobe im Mosaikmuster:
18 Maschen x 26 Reihen = 10 x 10 cm

Mit diesem Tuch wirst du nicht nur deine Freunde beeindrucken, sondern auch jeden geübten Stricker und Häkler, denn sie werden sich fragen, wie du das schicke, bunte Mittelmuster eingearbeitet hast. Jeder wird ein Patchwork, eine Intarsie oder Ähnliches darunter vermuten, aber nein, es ist viel einfacher – wir bedienen uns einfach eines kleinen Tricks.

Aufbau und Muster:

Die rechte und linke Flanke des Tuchkörpers wird einfarbig in Farbe A gehäkelt. Im Mittelteil häkelst du dein Tuch wie für Relief-Mosaik typisch mit 2 Farben, dabei führen wir die Farbe des Tuchkörpers, in den Kontrastreihen im Mittelteil einfach mit, indem wir sie in die festen Maschen mit einhäkeln, sowohl in der Hin- als auch auf der Rückreihe. Dabei wird der Faden von Farbe A mit auf die andere Seite transportiert, indem die feste Masche in Farbe B nach dem Mosaikmuster gehäkelt wird und dabei den Faden der Farbe A mit einfasst. Klingt kompliziert? Ist es aber nicht, also legen wir gleich los.

SO WIRD'S GEMACHT

Beginne mit 36 Luftmaschen und häkle in diese Kette 35 feste Maschen, beginnend mit der ersten festen Masche in die 2. Luftmasche. Beginne nun die Rückreihe mit einer Wendeluftmasche und häkle 2 feste Maschen in die 1. feste Masche, 1 feste Masche in die folgende Masche und 2 feste Maschen in die 3. Masche, hänge nun einen Maschenmarkierer ein. Häkle 29 feste Maschen und hänge erneut einen Maschenmarkierer ein. Dann arbeitest du 2 feste Maschen in die nächste feste Maschen, 1 feste Masche und 2 feste Maschen in die letzte feste Masche, du hast nun 39 Maschen.

Achte dabei darauf, dass dein Maschenmarkierer ZWISCHEN 2 Maschen hängt und nicht genau auf der Masche. Die mittleren 29 Maschen sind dein Muster, welches du der Musterschrift entnimmst. Rechts und links deines Musters häkelst du nur in Farbe A, das Muster arbeitest du zweifarbig nach der Musterschrift. Es gibt 4 Zunahmen in jeder Hinreihe, diese arbeitest du immer rechts und links neben deinem Muster, das Muster bleibt davon völlig unberührt, in der Rückreihe werden nur 2 Zunahmen, am Anfang und am Ende, gearbeitet. Diese 1. Hin- und Rückreihe, die du gehäkelt hast, ist bereits die 1. Reihe deiner Musterschrift, danach hast du eine Rückreihe in Farbe A gehäkelt. Nun häkelst du also nun mit Reihe 3 weiter. In deiner Musterschrift sind nur die Hinreihen gezeichnet, die Rückreihen häkelst du wie im Technikteil beschrieben einfach mit festen Maschen, ich empfehle dir hier die kombinierte Technik, also in den Musterreihen den Platzhalter durch eine Masche ins hintere Maschenglied arbeiten und bei der Überlagerung das Stäbchen ins vordere Maschenglied.

Arbeite also wie folgt:
1. Reihe (Hinreihe): Wendeluftmasche, 2 feste Maschen in die erste feste Maschen feste Maschen in jede Masche bis 1 Masche vor die Musterschrift (also bis 1 Masche vor dem Markierer), 2 feste Maschen in die letzte M vor der Musterschrift. Wechsle nun zu Farbe B, indem du die letzte Masche der 2 feste Maschen schon mit Farbe B beendest. Häkle nun im Mosaikmuster die Maschen deiner Musterschrift, nimm dabei den Faden von Farbe A mit, indem du ihn in den festen Maschen einfach mit einhäkelst. In den festen

Maschen und in den Stäbchen lässt du ihn einfach hinter der Arbeit liegen.
Am Ende des Zählmusters wechselst du in der letzten Masche schon wieder die Farbe zu A, indem du die letzte Masche in Farbe A beendest. Nun häkle 2 feste Maschen in die 1. feste Masche neben dem Muster, dann feste Maschen in jede Masche bis zur letzten Masche, 2 feste Maschen in die letzte Masche.
2. Reihe (Rückreihe): Wendeluftmasche, 2 feste Maschen in die erste feste Maschen, feste Maschen bis zum Maschenmarkierer, dabei in der letzten feste Maschen schon die Farbe wechseln, feste Maschen in Farbe B über alle Maschen des Musters arbeiten und Farbe A mit einhäkeln, die letzte Masche mit Farbe A beenden, feste Maschen bis zur letzten Masche, 2 feste Maschen in die letzte Masche.
3. Reihe: Wendeluftmasche, 2 feste Maschen in die erste feste Masche, feste Maschen in jede Masche bis 1 Masche vor die Musterschrift (also bis 1 Masche vor dem Markierer), 2 feste Maschen in die letzte Masche vor der Musterschrift. Nun gemäß der Musterschrift in Farbe A arbeiten, dabei bleibt Farbe B einfach hängen, du kannst einmal auf der ersten Masche den Faden mit einhäkeln, um einen senkrechten Spannfaden zu vermeiden. Häkle nun im Mosaikmuster die Maschen deiner Musterschrift. Am Ende des Musters nun 2 feste Maschen in die 1. feste Masche neben dem Muster häkeln, dann feste Maschen in jede Masche bis zur letzten Masche, 2 feste Maschen in die letzte Masche.
4. Reihe: Wendeluftmasche, 2 feste Maschen in die erste feste Masche, feste Maschen bis zum Maschenmarkierer. Nun feste Maschen über alle Maschen des Musters arbeiten. Am Ende des Musters kannst du in die letzte feste Masche wieder Farbe B einmal mit einhäkeln, um einen senkrechten Spannfaden zu vermeiden. Dann feste Maschen bis zur letzten Masche, 2 feste Maschen in die letzte Masche.

Diese 4 Reihen wiederholst du nun bis alle 58 Reihen der Musterschrift gehäkelt sind. Dann trennst du den Faden von Farbe B ab.

Die Endkante häkelst du nun nur noch in Farbe A wie folgt:

1. Reihe: 8 Luftmaschen, (2 zusammen abgemaschte Stäbchen + 3 Luftmaschen + 2 zusammen abgemaschte Stäbchen) in die 2. feste Masche, 3 Luftmaschen, 3 feste Maschen der Vorreihe (übergehen und 5 feste Maschen in die folgenden 5 festen Maschen. Nun fortlaufend * 3 Luftmaschen, 4 feste Maschen der Vorreihe übergehen, (2 zusammen abgemaschte Stäbchen + 3 Luftmaschen + 2 zusammen abgemaschte Stäbchen) in die 5. feste Masche, 3 Luftmaschen, 4 feste Maschen der Vorreihe übergehen, 5 feste Maschen in die folgenden 5 festen Maschen* enden mit 3 Luftmaschen, 3 feste Maschen der Vorreihe übergehen, (2 zusammen abgemaschte Stäbchen + 3 Luftmaschen + 2 zusammen abgemaschte Stäbchen) in die 4. feste Masche (das sollte die vorletzte Masche sein), 3 Luftmaschen, 1 Doppelstäbchen in die letzte Masche.
Achtung! An den Ecken zwischen Tuchkörper und Muster übergehst du jeweils nur 3 feste Maschen rechts und links neben den zusammen abgemaschten Stäbchen. Sollte es bei dir nicht ganz aufgehen, dann kannst du mogeln, indem du 1 Masche mehr oder weniger mit den Luftmaschen übergehst.
2. Reihe: 4 Luftmaschen, 3 Stäbchen in den 1. Luftmaschen-Zwischenraum, 1 Stäbchen auf die zusammen abgemaschten Stäbehen, 3 Stäbchen in den 2. Luftmaschen-Zwischenraum, 1 Stäbchen auf die zusammen abgemaschten Stäbchen, 3 Stäbchen in den 3. Luftmaschen-Zwischenraum, 1 feste Masche in die mittlere der 5 festen Maschen der Vorreihe. Nun fortlaufend * 3 Stäbchen in den 1. Luftmaschen-Zwischenraum, 1 Stäbchen auf die zusammen abgemaschten Stäbchen, 3 Stäbchen in den 2. Luftmaschen-Zwischenraum, 1 Stäbchen auf die zusammen abgemaschten Stäbchen, 3 Stäbchen in den 3. Luftmaschen-Zwischenraum, 1 feste Masche in die mittlere der 5 festen Maschen der Vorreihe * enden mit 3 Stäbchen in den 1. Luftmaschen-Zwischenraum, 1 Stäbchen auf die zusammen

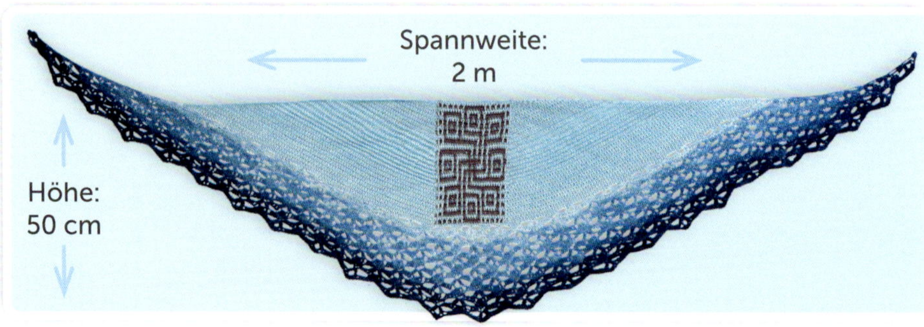

abgemaschten Stäbchen, 3 Stäbchen in den 2. Luftmaschen-Zwischenraum, 1 Stäbchen auf die zusammen abgemaschten Stäbchen, 3 Stäbchen in den 3. Luftmaschen-Zwischenraum.

3. Reihe: 8 Luftmaschen, (2 zusammen abgemaschte Stäbchen + 3 Luftmaschen + 2 zusammen abgemaschte Stäbchen) in das erste Stäbchen der Vorreihe, 3 Luftmaschen, 5 feste Maschen in die mittleren 5 Stäbchen des Bogens der Vorreihe. Nun fortlaufend * 3 Luftmaschen, (2 zusammen abgemaschte Stäbchen + 3 Luftmaschen + 2 zusammen abgemaschte Stäbchen) in die feste Masche zwischen den 2 Bögen der Vorreihe, 3 Luftmaschen, 5 feste Maschen in die mittleren 5 Stäbchen des Bogens der Vorreihe * enden mit 3 Luftmaschen, (2 zusammen abgemaschte Stäbchen + 3 Luftmaschen + 2 zusammen abgemaschte Stäbchen) in den Luftmaschen-Bogen am Ende der Reihe, 3 Luftmaschen, 1 Doppelstäbchen in die 3. Wendeluftmasche der Vorreihe.

4. Reihe: 4 Luftmaschen, 3 Stäbchen in den 1. Luftmaschen-Zwischenraum, 1 Stäbchen auf die zusammen abgemaschten Stäbchen, 3 Stäbchen in den 2. Luftmaschen-Zwischenraum, 1 Stäbchen auf die zusammen abgemaschten Stäbchen, 3 Stäbchen in den 3. Luftmaschen-Zwischenraum, 1 feste Masche in die mittlere der 5 festen Maschen der Vorreihe. Nun fortlaufend * 3 Stäbchen in den 1. Luftmaschen-Zwischenraum, 1 Stäbchen auf die zusammen abgemaschten Stäbchen, 3 Stäbchen in den 2. Luftmaschen-Zwischenraum, 1 Stäbchen auf die zusammen abgemaschten Stäbchen, 3 Stäbchen in den 3. Luftmaschen-Zwischenraum, 1 feste Masche in die mittlere der 5 festen Maschen der Vorreihe* enden mit 3 Stäbchen in den 1. Luftmaschenzwischenraum, 1 Stäbchen auf die zusammen abgemaschten Stäbchen, 3 Stäbchen in den 2. Luftmaschen-Zwischenraum, 1 Stäbchen auf die zusammen abgemaschten Stäbchen, 3 Stäbchen in den 3. Luftmaschenzwischenraum.

MUSTERSCHRIFT

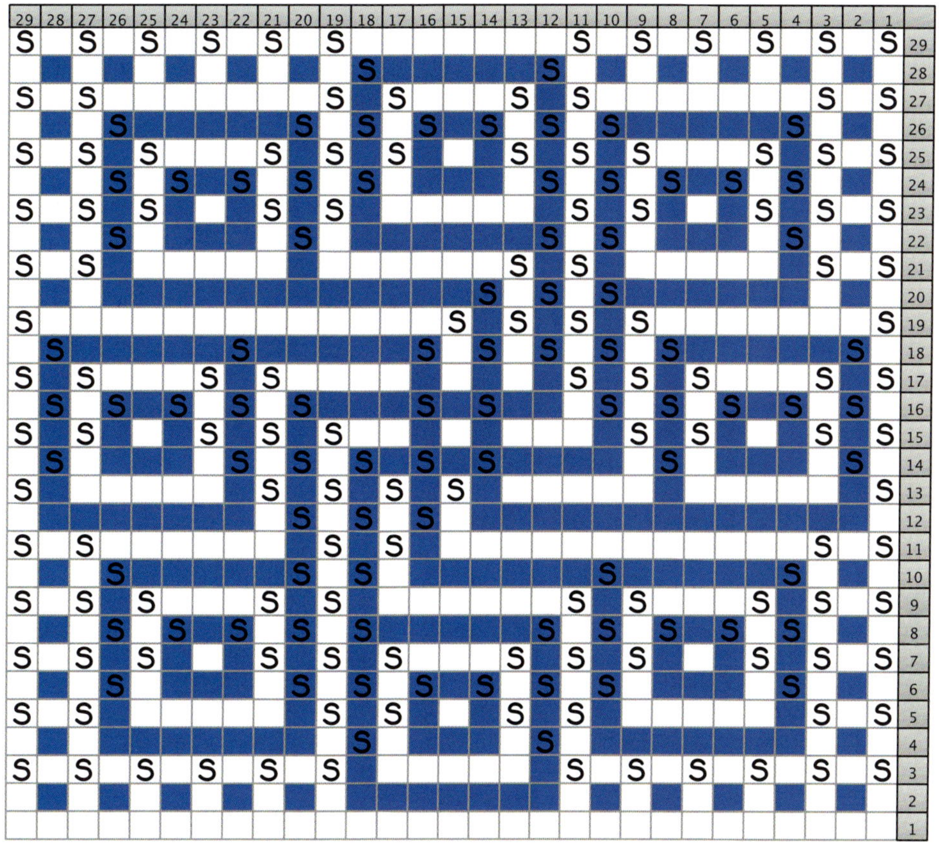

Jetzt fortlaufend Reihe 3 und 4 wiederholen bis dein Tuch die gewünschte Größe hat oder deine Wolle zu Ende ist.

Du brauchst nun nur noch die Endfäden und Anfangsfäden zu vernähen, dein Tuch einmal zu baden und zu spannen und schon kann es ausgeführt werden.

Raum für Individualität:

Als Mustervariante kannst du die festen Maschen beidseitig des Relief-Mosaiks auch jeweils nur in die hinteren Maschenglieder einstechen, so dass sich hier eine Rippenoptik ergibt. Du kannst auch die Bögen variieren, indem du bei jeder Wiederholung von Reihe 3 und 4 zwischen Hauptfarbe und Kontrastfarbe wechselst.

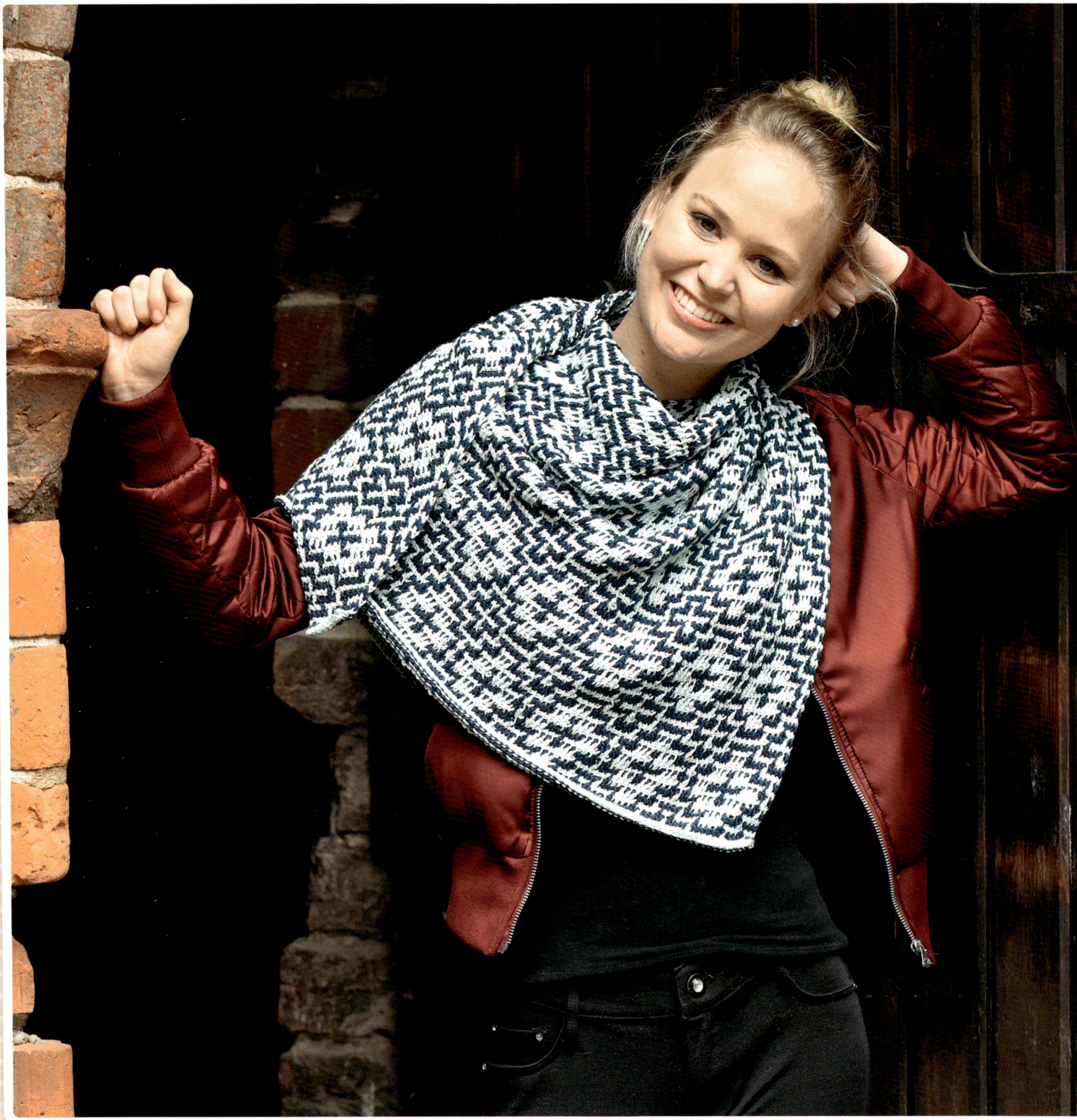

TIC TAC TOE

MATERIAL

- Pascuali Sole 90 % Baumwolle, 10 % Kaschmir 140 m/50 g: je 200 g Mint (Farbe A) und Blau (Farbe B)
- Eine tunesische Häkelnadel mit Seil 5 mm

Maschenprobe: 18 Maschen x 16 Reihen = 10 x 10 cm

Aufbau und Grundmuster:

Dieses schnuckelige Tüchlein häkelst du im tunesischen Grundstich komplett gemustert. Es wird quer gearbeitet, so kannst du dein Garn optimal ausnutzen. Dabei wird in jeder Reihe die Farbe gewechselt. Der Farbwechsel funktioniert immer in einer Rückreihe, dabei wird abgemascht, bis sich nur noch 2 Schlaufen auf der Nadel befinden. Dann die neue Farbe nehmen und den Faden durch die beiden Schlaufen ziehen, nun bist du gerüstet für die nächste Reihe.

SO WIRD'S GEMACHT

Beginne mit 9 Luftmaschen in Farbe A und häkle eine Grundreihe. Danach wechselst du zu Farbe B und häkelst nach der Musterschrift weiter. Das M kennzeichnet deine Zunahme, die immer nach der 2. Masche erfolgt. Stich dafür stets zwischen der 2. und 3. Masche ein und hole eine Schlaufe herauf.

Häkle zuerst die 1.–48. Reihe einmal. Danach wiederholst du die 35.–48. Reihe = 14 Reihen Höhenrapport fortlaufend. Die waagerechte pinkfarbene Linie kennzeichnet deinen Höhenrapport. Die senkrechten roten Linien rahmen den Mustersatz = 14 Maschen ein. Im 1. Höhenrapport arbeitest du den Mustersatz 1 x. In jedem folgenden Höhenrapport nimmst du jeweils 14 Maschen zu und erweiterst damit deine Maschenzahl um einen Mustersatz. Das heißt, im 2. Höhenrapport beginnst du mit den Maschen vor dem Mustersatz, arbeitest den Mustersatz 2 x, und endest mit den Maschen nach dem Mustersatz. Im 3. Höhenrapport arbeitest du den Mustersatz 3 x und so weiter. Ich habe das gezeigte Tuch nach 11 Höhenrapporten beendet und die Maschen mittels Kettmaschen in Farbe A abgekettet.

Nun nur noch die Fäden vernähen, baden und liegend in Form ziehen. Nach dem Trocknen solltest du das neue Tuch am besten gleich um den Hals schlingen und ausführen.

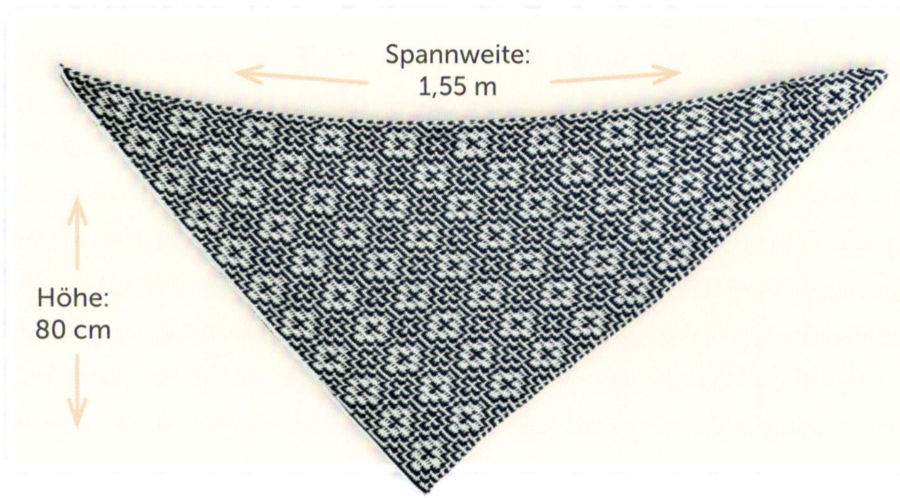

MUSTERSCHRIFT

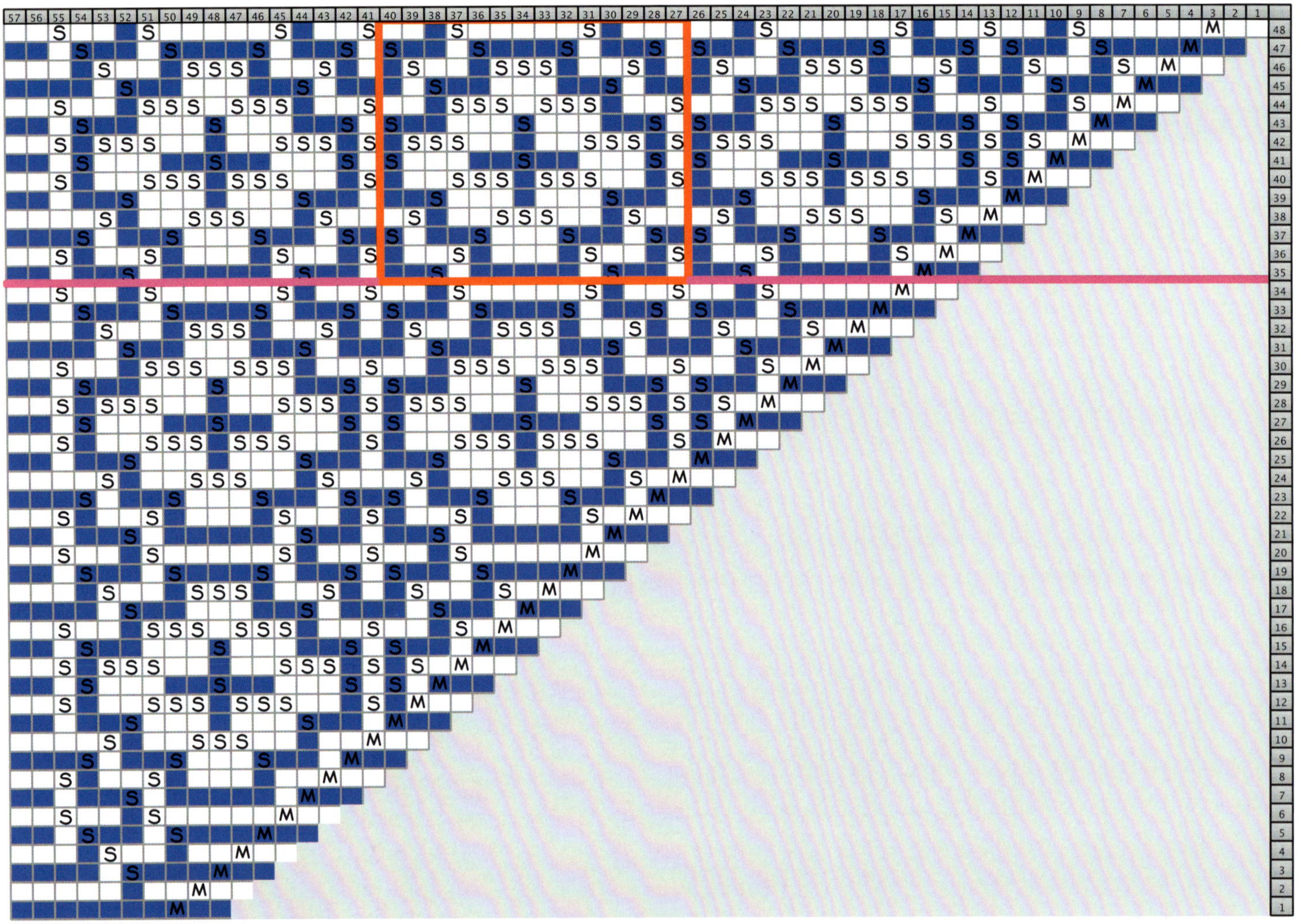

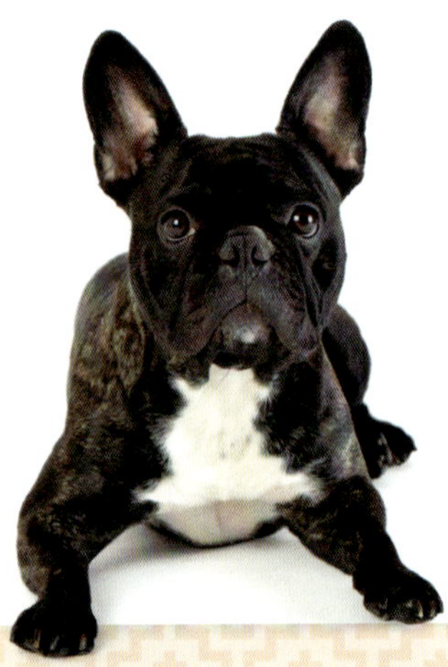

Raum für Individualität:

Natürlich kannst du dein Tuch vergrößern, dafür häkelst du einfach noch mehr Höhenrapporte und beendest dein Tuch in der gewünschten Länge nach der letzten 48. Reihe. Kette mittels Kettmaschen in Farbe A ab. Bedenke, dass du für ein größeres Tuch auch mehr Garn brauchst.
Du kannst auch mehr Farbigkeit in dein Tuch bringen: Dazu lässt du die Farbe B immer durchlaufen und nimmst in jedem Höhenrapport eine neue Farbe als Farbe A. So erhältst du nicht nur dein persönliches Lieblingsstück, sondern kannst prima ein paar Wollreste mit verbrauchen.

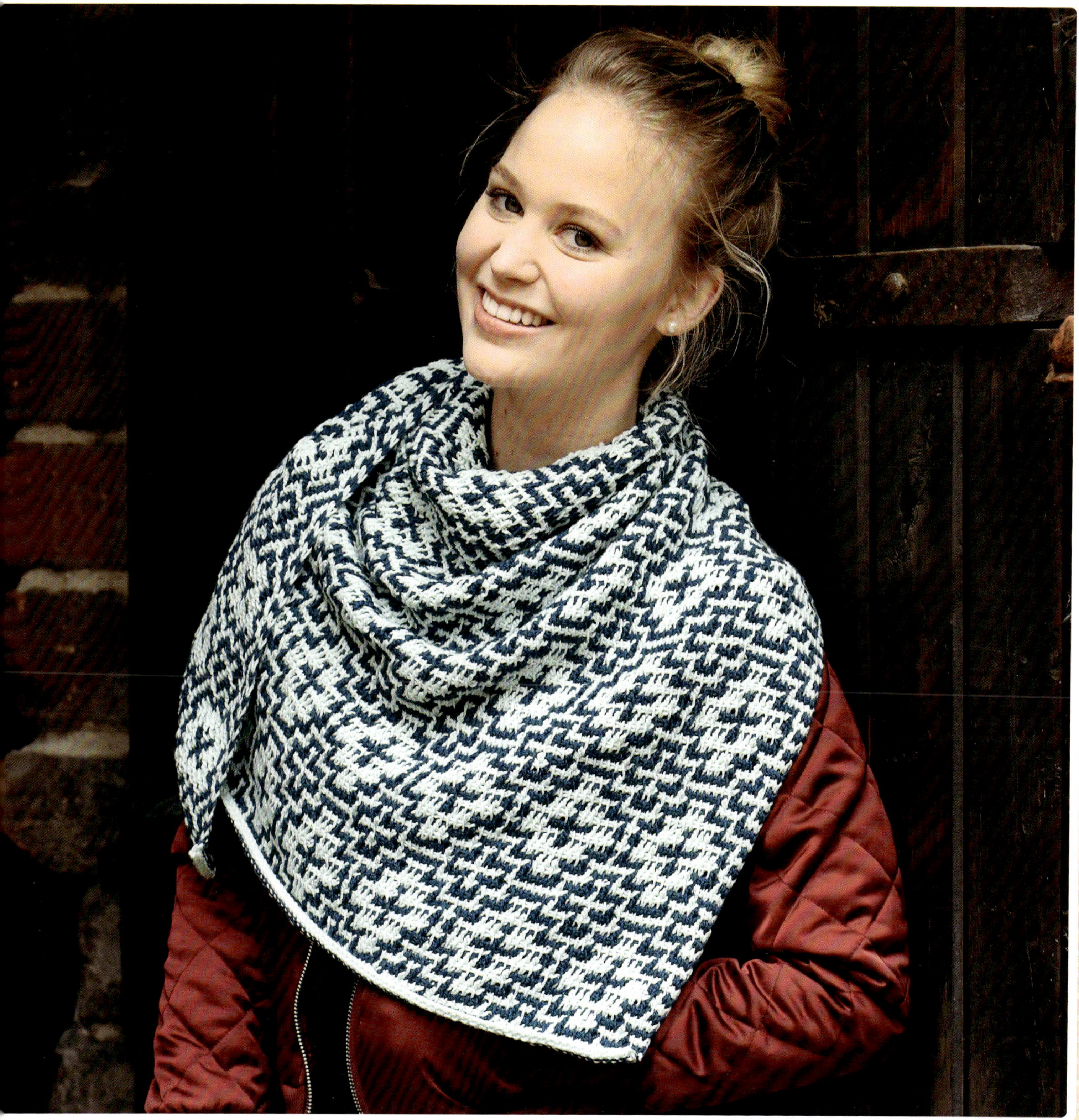

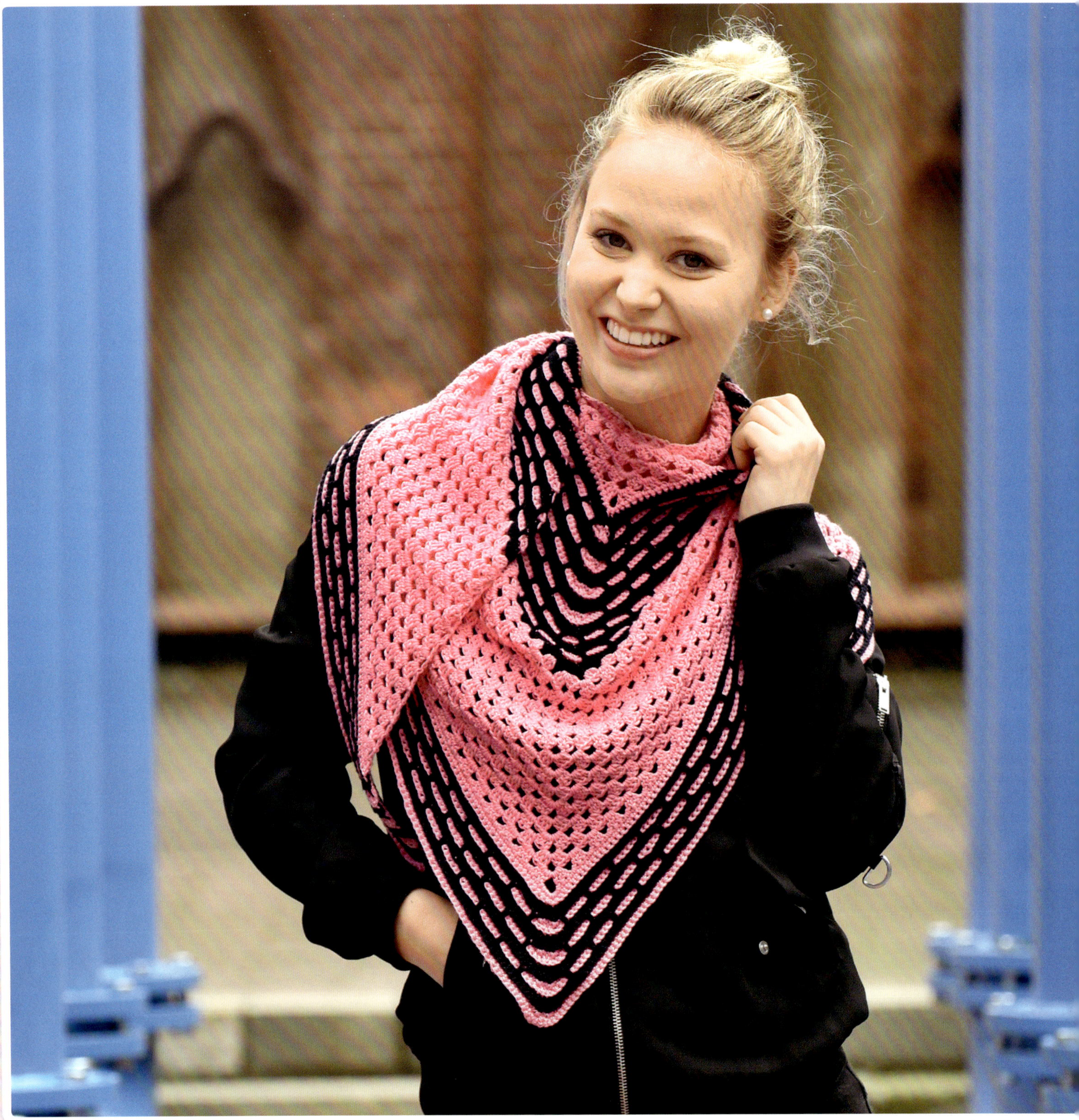

PRETTY IN PINK

MATERIAL

- Austermann „Bio Cotton" (100% Baumwolle, Lauflänge 180 m/50 g) 200 g Pink (Farbe A) und 100 g Schwarz (Farbe B)
- Eine Häkelnadel 3,5 mm

Maschenprobe im Relief-Mosaik:
18 Maschen x 28 Reihen = 10 x 10 cm

Aufbau und Muster:

Beginne dein Tuch in der Mitte der oberen Kante. Du kannst den Beginn des Grundmusters nach der Häkelschrift häkeln oder nach der Beschreibung unten. Danach häkelst du nach den Angaben im Text mit den Zunahmen weiter, es ergeben sich 2 breiter werdende Stäbchenflächen beidseitig der Mitte. Du häkelst zunächst ein Dreieck im Grannymuster, dann einen Musterstreifen im Relief-Mosaik, gefolgt von weiteren Reihen im Grannymuster und abgeschlossen mit einem Musterstreifen im Relief-Mosaik.

Relief-Mosaik:

Bei diesem Tuch haben wir die Musterstreifen in der strukturierten Variante gearbeitet. Falls du nochmal nachschauen möchtest, findest du die Beschreibung auf Seite 10.

SO WIRD'S GEMACHT

Beginne mit einem Fadenring in Farbe A.
1. Reihe: 4 Luftmaschen, 3 Stäbchen, 3 Luftmaschen (= Mitte), 3 Stäbchen, 1 Luftmasche, 1 Stäbchen.
2. Reihe: 4 Luftmaschen, 3 Stäbchen in den Luftmaschen-Zwischenraum, 1 Luftmasche, 3 Stäbchen + 3 Luftmaschen + 3 Stäbchen in den mittleren Luftmaschen-Zwischenraum, 1 Luftmasche, 3 Stäbchen in den Luftmaschen-Zwischenraum, 1 Luftmasche, 1 Stäbchen in die 3. Wende-Luftmasche der Vorreihe.
3. Reihe: 4 Luftmaschen, * 3 Stäbchen in den Luftmaschen-Zwischenraum, 1 Luftmasche, ab * bis zur Mitte wiederholen, dann 3 Stäbchen + 3 Luftmaschen + 3 Stäbchen in den mittleren Luftmaschenbogen, 1 Luftmasche, ** 3 Stäbchen in den Luftmaschen-Zwischenraum, 1 Luftmasche, ab ** stets wiederholen, mit 1 Stäbchen in die 3. Wende-Luftmasche der Vorreihe enden.

Alle folgenden Reihen wie die 3. Reihe häkeln, dabei vergrößern sich die Grannymuster-Flächen beidseitig der Mitte. Nach 21 Reihen Grannymuster oder der von dir gewünschten Größe häkelst du eine Rückreihe feste Maschen mit Zunahmen, dabei auf jedes Stäbchen und in jede Luftmasche 1 Masche häkeln, in den mittleren Luftmaschenbogen feste Maschen arbeiten. Die Mitte liegt nun zwischen den mittleren 6 Maschen, diese kannst du dir markieren. Im Relief-Mosaikstreifen liegen hier die mittleren Zunahmen direkt nebeneinander.

Häkle nun einen Relief-Mosaikstreifen, arbeite dafür nach der Musterschrift und beginne mit 2 Reihen in Farbe B. Der rote Rahmen kennzeichnet den Mustersatz = 6 Maschen. Für die Zunahmen arbeitest du jeweils 3 Maschen in 1 Einstichstelle. Beginne mit 1 Wende-Luftmasche und der Zunahme, häkele dann die Maschen bis zum Mustersatz, wiederhole den Mustersatz und ende mit den Maschen nach dem Mustersatz vor der Mitte. Arbeite danach die 2. Hälfte gegengleich zur ersten Hälfte.
Nach 26 Reihen Relief-Mosaik häkelst du einen weiteren Streifen im Grannymuster (dieser ist im abgebildeten Tuch 14 Reihen hoch). Dabei häkelst du nun deine neue Mitte, bestehend aus 3 Stäbchen + 3 Luftmaschen + 3 Stäbchen zwischen die 2 Zunahmestellen. Beende den Granny-Streifen mit 2 Reihen fester Maschen in Farbe A. Dann endest du mit einem Relief-Mosaikstreifen über die gewünschte Breite. Im abgebildeten Tuch sind es 14 Reihen und 2 Reihen feste Maschen in Farbe B.

Sobald alle Fäden vernäht sind, kann dein Tuch gebadet und gespannt werden. Ging doch ganz flott, oder?

MUSTERSCHRIFT

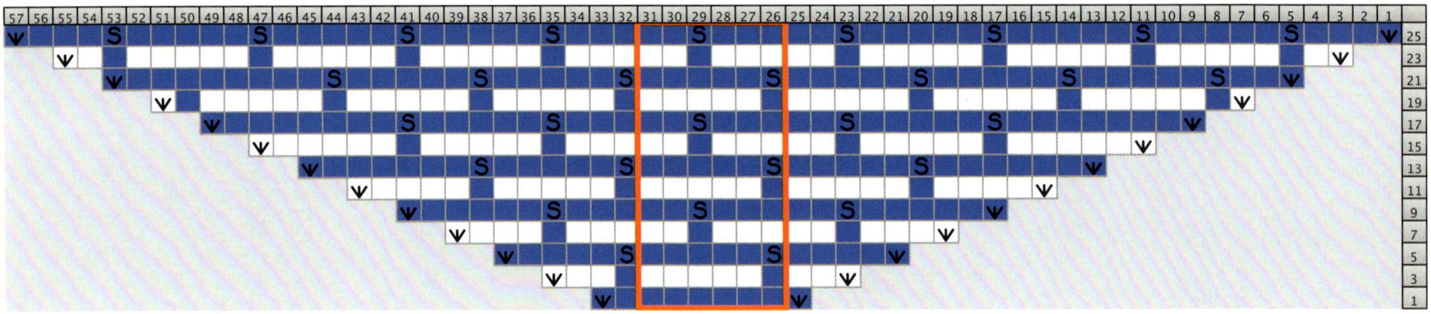

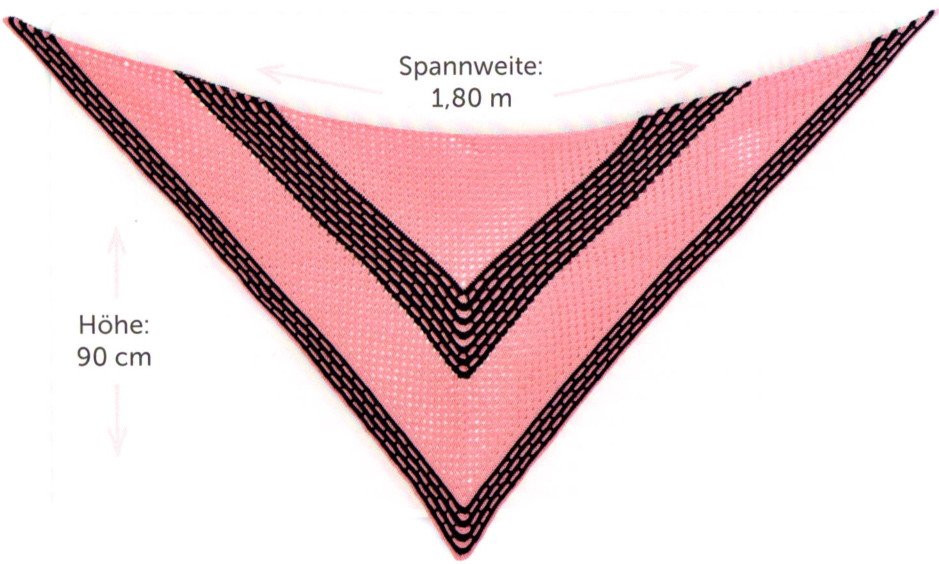

Raum für Individualität:

Du kannst deinen Tuchkörper im Grannymuster beliebig breit häkeln und nur einen breiten Streifen im Mosaikmuster als Abschlusskante wählen. Oder du arbeitest einfach mehrere Streifen im Mosaikmuster in das Tuch ein. Eine schöne Variante ist es auch, nach dem ersten Mosaikstreifen das Grannymuster in Farbe B fortzuführen und den kommenden Relief-Mosaikstreifen dann farbinvertiert zum ersten Relief-Mosaikstreifen zu arbeiten.

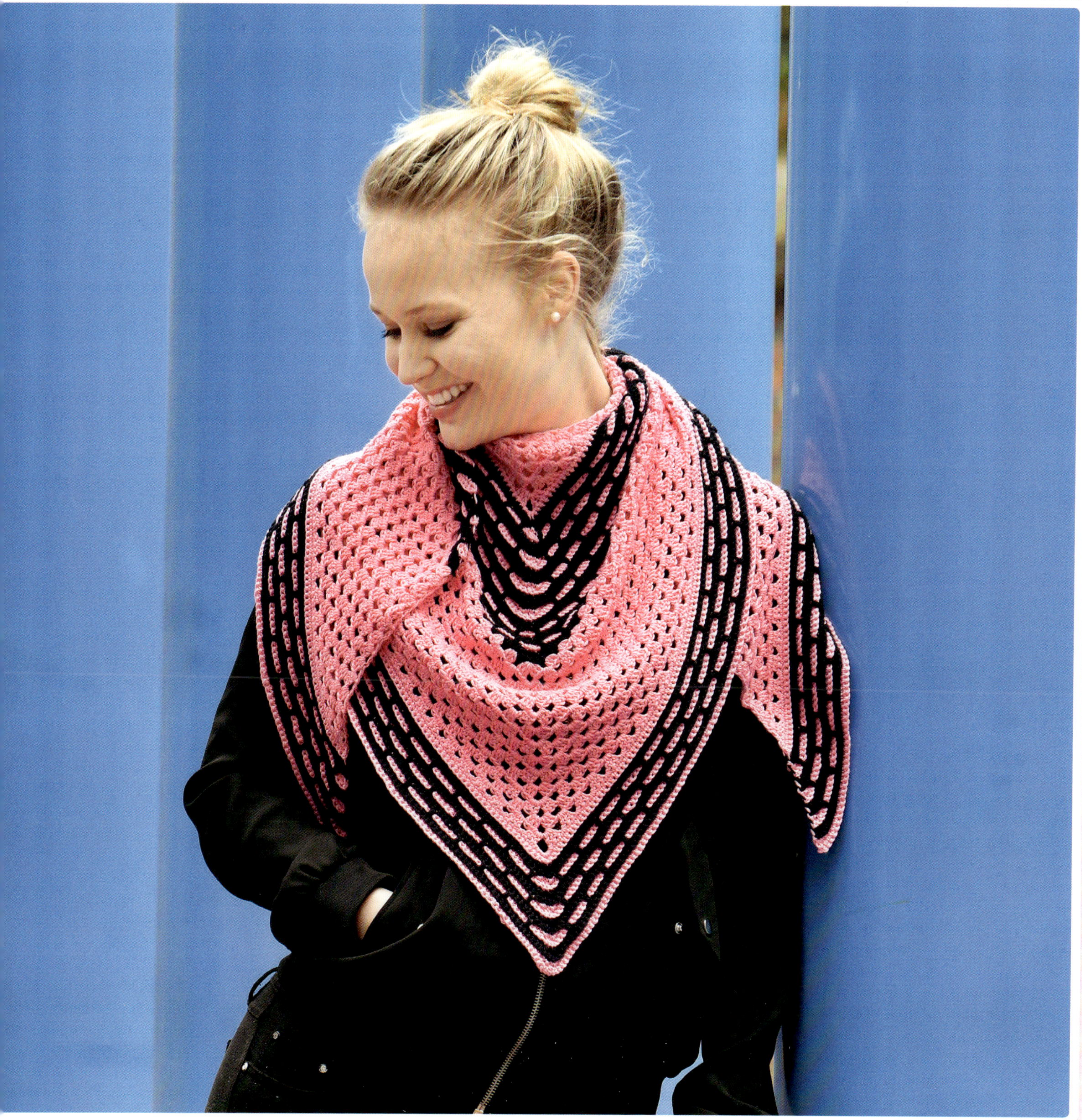

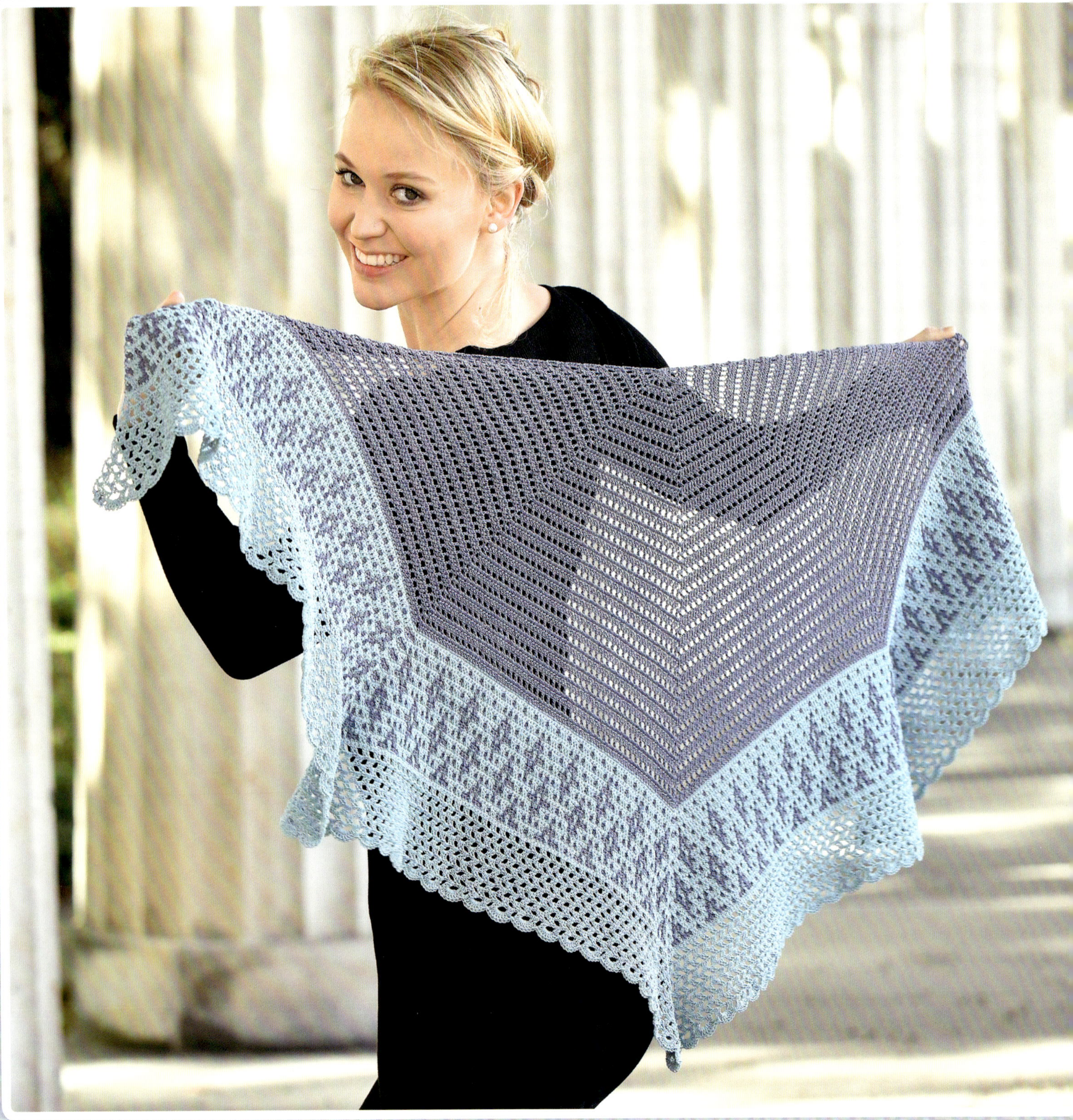

ZARTE VERFÜHRUNG

MATERIAL

- LANGYARNS „Filo“ (75 % Baumwolle, 25 % Polyamid, Lauflänge 200 m/50 g): je 200 g Mittelgrau (Farbe A) und 150 g Mint (Farbe B)
- Häkelnadel 3,5 mm

Maschenprobe im Relief-Mosaik:
26 Maschen x 36 Reihen = 10 x 10 cm

Aufbau und Muster:

Besondere Abkürzung: 1 V = 1 Stäbchen + 2 LM + 1 Stäbchen in eine Einstichstelle.

Beginne dein Tuch in der Mitte der oberen Kante. Du häkelst den Beginn des Grundmusters nach der Beschreibung unten. Danach häkelst du nach den Angaben im Text mit den Zunahmen weiter, es ergeben sich 4 breiter werdende Stäbchenflächen zwischen den V. Nach dem Tuchkörper häkelst du einen Streifen im Relief-Mosaik gefolgt von einer Abschlusskante im Lacemuster.

Relief-Mosaik:

Bei diesem Tuch haben wir den Musterstreifen in der kombinierten Variante gehäkelt. Falls du nochmal nachschauen möchtest, findest du die Details auf Seite 14.

SO WIRD'S GEMACHT

Beginne mit einem Fadenring in Farbe A.

1. Reihe: 4 Luftmaschen, * 3 Stäbchen, 2 Luftmaschen, ab * noch 2 x wiederholen, 3 Stäbchen, 1 Luftmasche, 1 Stäbchen in den Ring.

2. Reihe: 4 Luftmaschen, 1 Stäbchen in den Luftmaschen-Zwischenraum * mit 1 Luftmasche 1 Stäbchen übergehen, (1 Stäbchen, + 1 Luftmasche, eine Masche übergehen) bis zum nächsten V, 1 V in den folgenden Luftmaschenbogen, ab * noch 3 x wiederholen, dabei das letzte Stäbchen des letzten V in die 3. Wende-Luftmasche der Vorreihe arbeiten.

3. Reihe: 4 Luftmaschen, 1 Stäbchen in den Luftmaschen-Zwischenraum, * in jedes Stäbchen und jede Luftmasche der Vorreihe je 1 Stäbchen häkeln, 1 V in den Luftmaschenbogen, ab * noch 3 x wiederholen, dabei das letzte Stäbchen des letzten V in die 3. Wende-Luftmasche der Vorreihe arbeiten.

Wiederhole die 2. und 3. Reihe so oft, bis du etwa 1,20 m Spannweite hast, das sind im abgebildeten Fall 47 Reihen und in den 4 Stäbchenflächen jeweils 95 Stäbchen zwischen den Luftmaschenbogen.

Nun häkelst du einen Relief-Mosaikstreifen nach der Musterschrift, beginne dabei mit einer Hin- und Rückreihe in Farbe B. Der rote Rahmen kennzeichnet den Mustersatz = 12 Maschen, M = 1 Zunahme. Für die Zunahmen verdoppelst du am Musteranfang einfach die folgende bzw. am Musterende die davorliegenden Masche (= 2 feste Maschen in 1 Einstichstelle). In der 1. Reihe beginnst du mit 1 Wende-Luftmasche und 1 festen Masche um den Luftmaschenbogen, dann häkelst du auf die 4 Stäbchenflächen 95 Maschen nach der Musterschrift = 7 Mustersätze + die Maschen nach dem Mustersatz. In jeden Luftmaschenbogen der V häkelst du 2 feste Maschen. In den folgenden Reihen liegen die Zunahmen direkt nebeneinander und zwar genau in den beiden Maschen, die du in die Luftmaschenbogen gehäkelt hast. Beende jede Reihe mit 2 festen Maschen in die letzte feste Masche.

Abschlusskante:

Nach dem Mosaikstreifen häkelst du im Gittermuster in Farbe B weiter.

1. Reihe: 4 Luftmaschen, 1 Stäbchen in die letzte feste Masche aus deiner Vorreihe, 2 Luftmaschen, 1 Masche der Vorreihe übergehen, * 2 Stäbchen in 1 Einstichstelle, 2 Luftmaschen, 2 Maschen der Vorreihe übergehen, ab * stets wiederholen und vor der Zunahmestelle des Mosaiks enden. Ein neues V häkeln, dabei das 1. V nach dem Mosaikstreifen genau zwischen die Zunahmestellen der Ecke setzen. In dieser Weise bis zum Reihenende weiterhäkeln und das letzte Stäbchen des letzten V in die Wende-Luftmasche der Vorreihe arbeiten.

MUSTERSCHRIFT

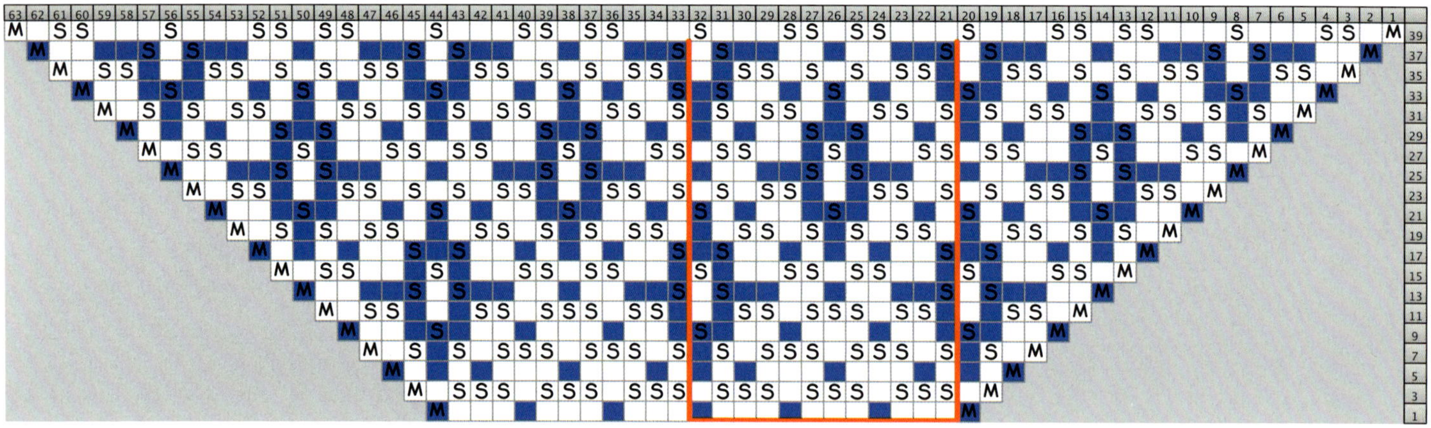

2. Reihe: Mit 5 Luftmaschen und 1 Stäbchen in die letzte Masche der Vorreihe beginnen, dann die Flächen zwischen den V wie folgt überhäkeln: mit 2 Luftmaschen beginnen, dann in jeden Luftmaschenbogen 2 Stäbchen arbeiten und die Stäbchen der Vorreihe mit 2 Luftmaschen übergehen. Auf alle V ein neues V arbeiten.
Alle weiteren Reihen wie die 2. Reihe arbeiten, bis 10 Reihen Gittermuster erreicht sind. Dann zum Abschluss eine Muschelkante arbeiten, dabei mit 3 Luftmaschen und 3 Stäbchen um den Luftmaschenbogen der Vorreihe beginnen, dann * in den folgenden Luftmaschenbogen 1 Kettmasche häkeln, in den nächsten Luftmaschenbogen 7 Stäbchen häkeln, ab * stets wiederholen und mit 4 Stäbchen in den letzten Luftmaschenbogen enden.

Jetzt vernähst du noch die Fäden und spannst dein Tuch. Danach kannst du es voller Stolz präsentieren.

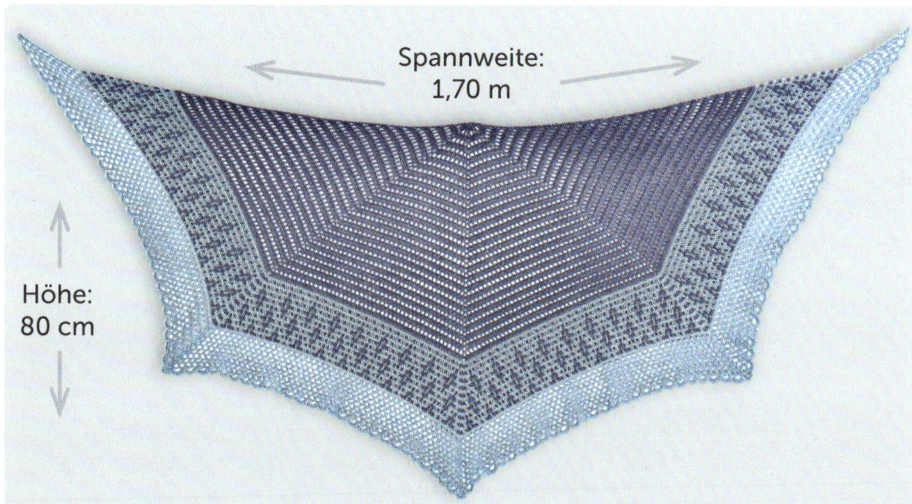

Raum für Individualität:

Du kannst dein Tuch individualisieren, indem du in den Lochreihen nicht mit Farbe A, sondern Farbe B häkelst. Oder du lässt die Lochkante weg und häkelst stattdessen einen weiteren Streifen im Grundmuster und schließt mit einem 2. Relief-Mosaikstreifen ab. Du kannst die Farben tauschen. Wenn du mit 2 Mosaikstreifen arbeitest, kannst du auch die Farben in den Relief-Mosaikstreifen tauschen. Beachte dabei, dass ein zweiter Relief-Mosaikstreifen Auswirkungen auf deinen Garnverbrauch hat.

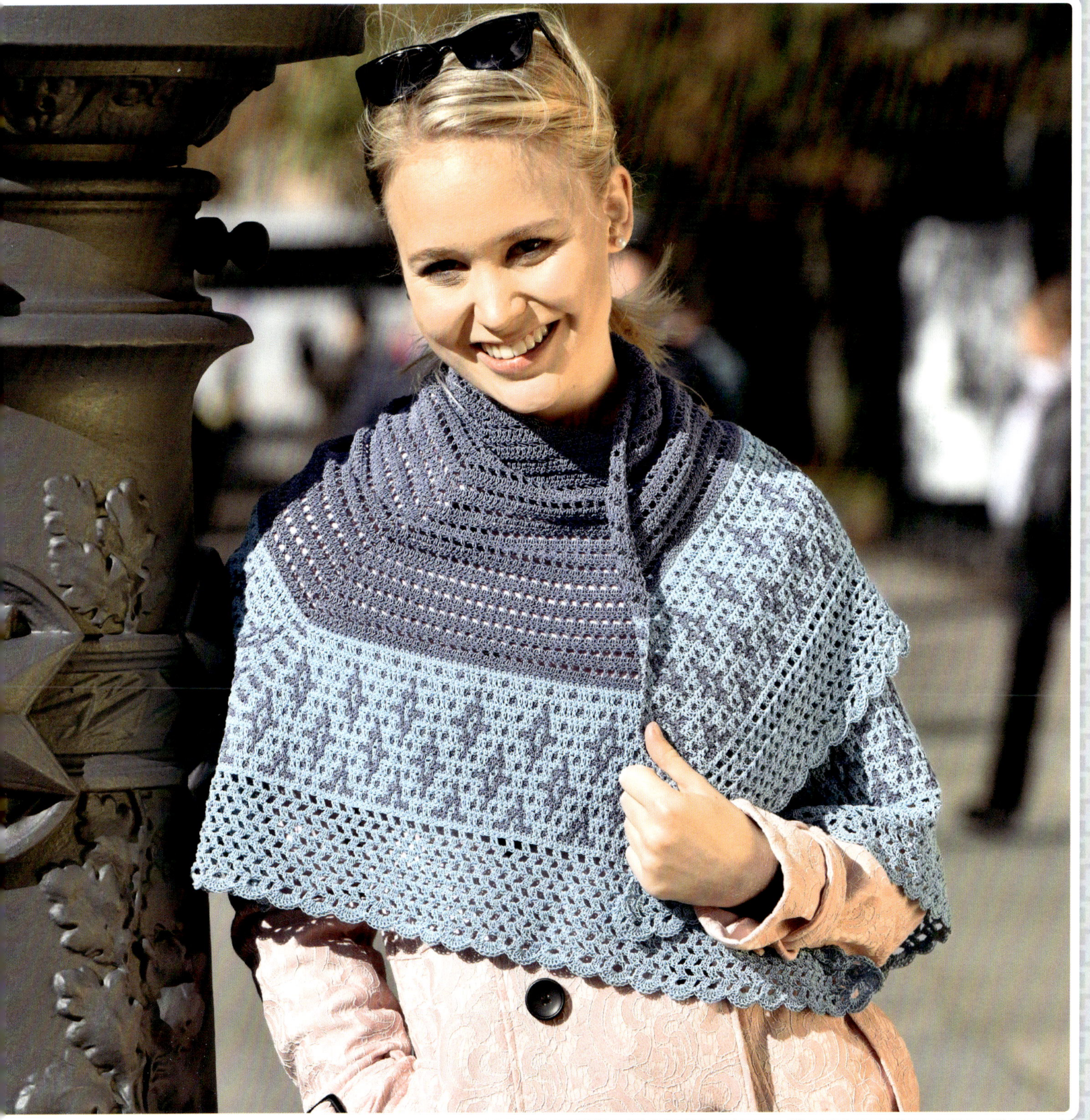

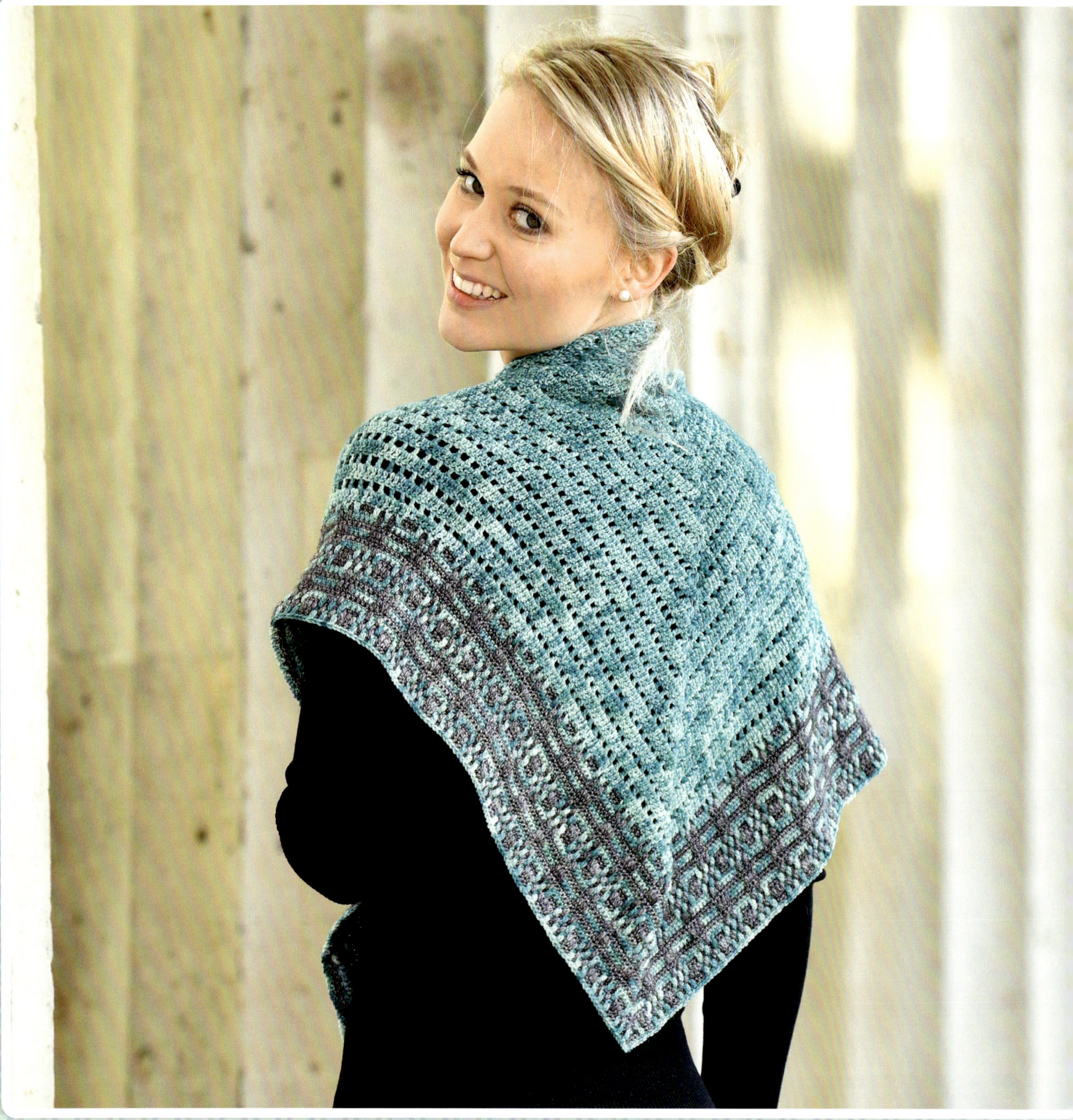

KÜHLE ELEGANZ

MATERIAL

- Lütt Marie „Fine Merino Socks" (75 % Schurwolle, 25 % Polyamid, Lauflänge 420 m/100 g): je 200 g Grün (Farbe A) und 100 g Grau (Farbe B)
- Häkelnadel 3,5 mm

Maschenprobe im Relief-Mosaik:
24 Maschen x 32 Reihen = 10 x 10 cm

Aufbau und Muster:

Beginne dein Tuch in der Mitte der oberen Kante. Du häkelst den Beginn des Grundmusters nach der Beschreibung unten. Danach häkelst du nach den Angaben im Text mit den Zunahmen weiter, es ergeben sich 2 gleiche Stäbchenflächen beidseitig der Mitte. Das Tuch beendest du mit deinem Mosaikstreifen.

Relief-Mosaik:

Bei diesem Tuch haben wir das Relief-Mosaik in der kombinierten Variante gehäkelt. Falls du nochmal nachschauen möchtest, findest du die Beschreibung auf Seite 14.

SO WIRD'S GEMACHT

Beginne mit einem Fadenring in Farbe A.
1. Reihe: 4 Luftmaschen, 5 Stäbchen, 2 Luftmaschen (= Mitte), 5 Stäbchen, 1 Luftmasche, 1 Stäbchen in den Fadenring.
2. Reihe: 4 Luftmaschen, 2 Stäbchen in den Luftmaschen-Zwischenraum, 1 Stäbchen in jedes folgende Stäbchen, 2 Stäbchen + 2 Luftmaschen + 2 Stäbchen in den mittleren Luftmaschenbogen, 1 Stäbchen in jedes folgende Stäbchen, 2 Stäbchen + 1 Luftmasche, + 1 Stäbchen in den letzten Luftmaschen-Zwischenraum.
3. Reihe: 4 Luftmaschen, 2 Stäbchen in den Luftmaschen-Zwischenraum, 1 Stäbchen in jedes folgende Stäbchen, 2 Stäbchen + 2 Luftmaschen + 2 Stäbchen in den mittleren Luftmaschenbogen, 1 Stäbchen in jedes folgende Stäbchen, 2 Stäbchen + 1 Luftmasche, + 1 Stäbchen in den letzten Luftmaschen-Zwischenraum.
4. Reihe: 4 Luftmaschen, 1 Stäbchen in den Luftmaschen-Zwischenraum, * mit 1 Luftmaschen 1 Stäbchen der Vorreihe übergehen, 1 Stäbchen in das folgende Stäbchen, ab * bis zur Mitte wiederholen, 1 Luftmasche, 2 Stäbchen + 2 Luftmaschen + 2 Stäbchen in den mittleren Luftmaschenbogen, ** mit 1 Luftmasche 1 Stäbchen der Vorreihe übergehen, 1 Stäbchen in das folgende Stäbchen, ab ** stets wiederholen, mit 1 Luftmasche, 2 Stäbchen + 1 Luftmasche + 1 Stäbchen in den letzten Luftmaschen-Zwischenraum enden.
5. Reihe: 4 Luftmaschen, 2 Stäbchen in den Luftmaschen-Zwischenraum, 1 Stäbchen in jedes folgende Stäbchen und in jeden Luftmaschenbogen, 2 Stäbchen + 2 Luftmaschen + 2 Stäbchen in den in den mittleren Luftmaschenbogen, 1 Stäbchen in jedes folgende Stäbchen und in jeden Luftmaschenbogen, 2 Stäbchen + 2 Luftmaschen + 2 Stäbchen in den Luftmaschenbogen aus dem Anfang.
Wiederhole die 4. und 5. Reihe so oft, bis eine Spannweite von 1,40 m erreicht ist. Im abgebildeten Tuch war das nach 45 Reihen. Beende deinen Tuchkörper nach einer 5. Reihe, dann bist du bereit für die Endkante.

Nun häkelst du den Relief-Mosaikstreifen nach der Musterschrift, beginne dabei mit einer Hin- und Rückreihe in Farbe B. Der rote Rahmen kennzeichnet den Mustersatz = 8 Maschen, M = 1 Zunahme. Für die Zunahmen verdoppelst du am Musteranfang einfach die 1. Masche und am Musterende die letzte Masche (= 2 feste Maschen in 1 Einstichstelle).
In der 1. Reihe beginnst du mit 1 Wende-Luftmasche und den Maschen vor dem Mustersatz, dann wiederholst du den Mustersatz und endest mit den M nach dem Mustersatz, dann 3 feste Maschen in den mittleren Luftmaschenbogen arbeiten (die mittlere davon ist die Mittel-

MUSTERSCHRIFT

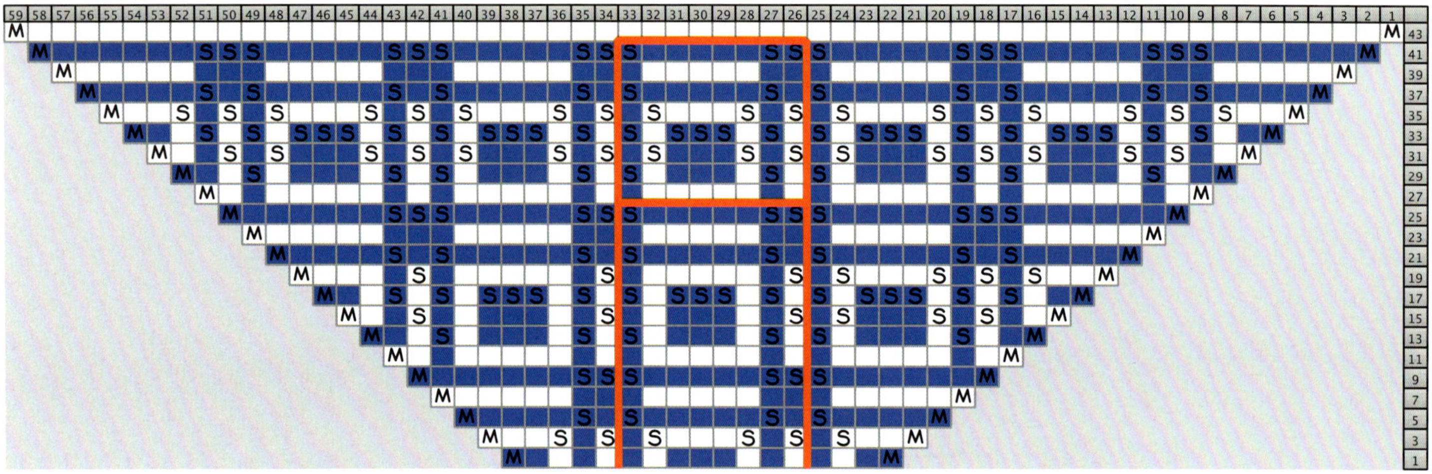

masche) und die 2. Hälfte wie die 1. Hälfte häkeln, mit 2 festen Maschen in die 3. Wende-Luftmasche der Vorreihe enden. Geht dein Mustersatz in der 1. Reihe nicht ganz in der Maschenzahl auf, nimmst du einfach die fehlenden Maschen zu, indem du gleichmäßig verteilt jeweils 2 Mustermaschen in 1 Einstichstelle arbeitest. Man wird das später nicht sehen.

Nach 43 Reihen Relief-Mosaik die Arbeit beenden. Nun noch alle Fäden vernähen, das Tuch baden und liegend in Form ziehen oder spannen oder dämpfen, hier ist alles möglich.

Raum für Individualität:

Du kannst deinen Tuchkörper vorher beenden und die Musterkante breiter machen. Der rot eingerahmte Bereich zeigt dir hier deinen Höhenrapport an. Du kannst auch nach dem Mosaikstreifen weitere Reihen im Grundmuster arbeiten und dann einen neuen Streifen im Mosaikmuster ansetzen. Oder du häkelst einfach eine der Lochkanten von den anderen Tüchern als Abschluss dran.

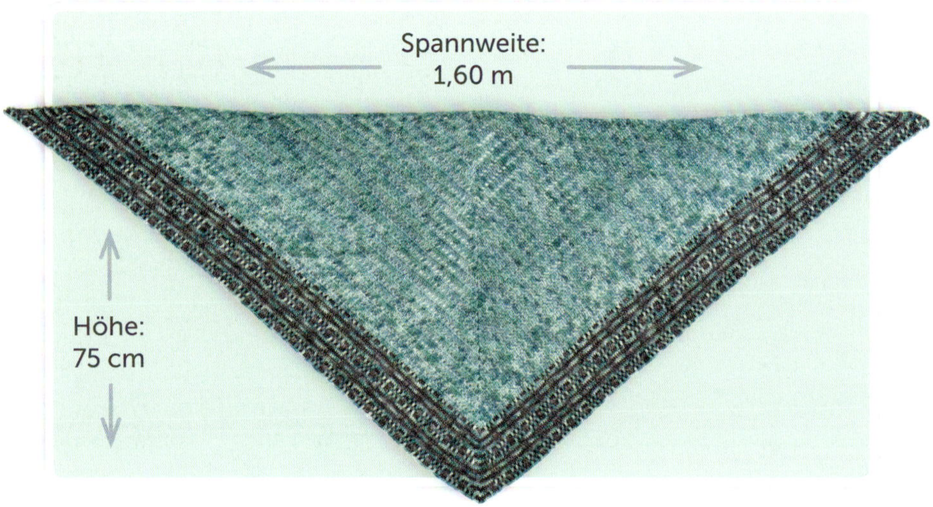

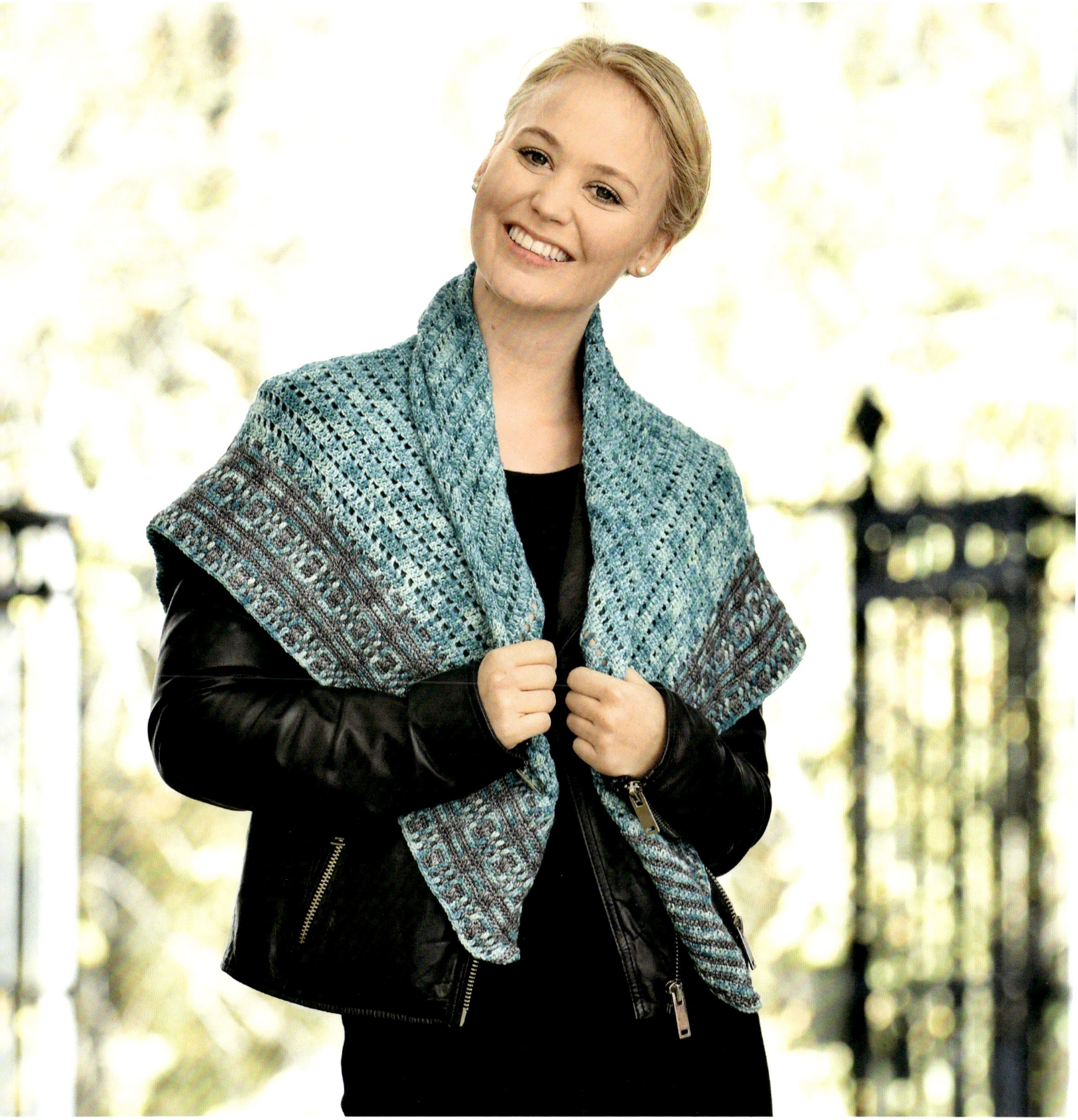

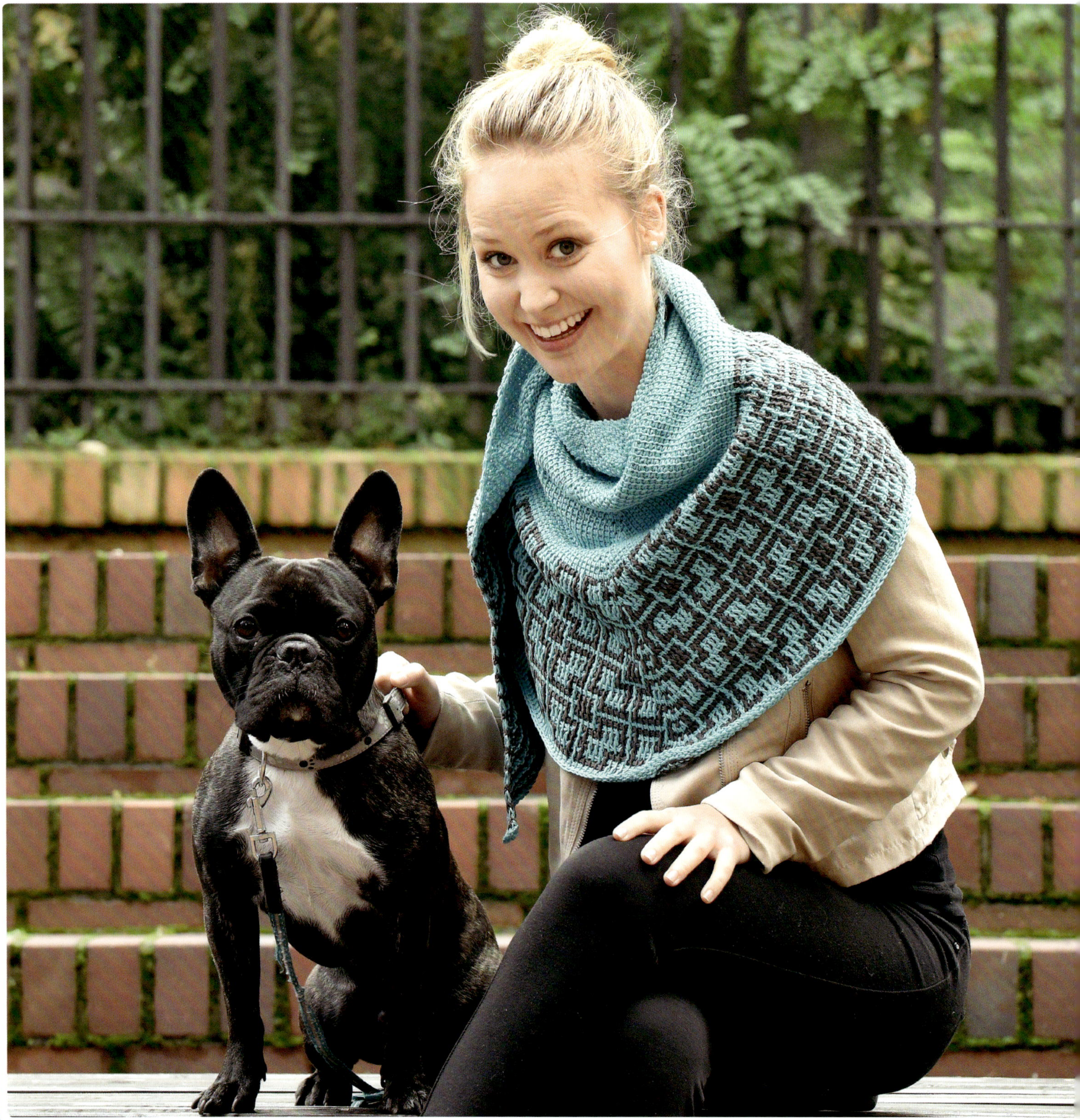

BLUME DES ORIENTS

MATERIAL

- Gründl „Florida" (100 % Baumwolle, Lauflänge 125 m/50 g): je 300 g Türkis (Farbe A) und 150 g Braun (Farbe B)
- Eine tunesische Häkelnadel mit Seil, 4 mm

Maschenprobe im Grundstich:
18 Maschen x 21 Reihen = 10 x 10 cm

Aufbau und Grundmuster:

Das Tuch wird im tunesischen Grundstich von der Mitte der oberen Kante aus gearbeitet und hat die Form eines langgezogenen, flachen Dreiecks. So schmiegt es sich schön an und ist nicht so voluminös um den Hals. Beim Arbeiten nach der Musterschrift wird nach jeder Reihe die Farbe gewechselt. Der Farbwechsel funktioniert immer in einer Rückreihe, dabei wird abgemascht, bis sich nur noch 2 Schlaufen auf der Nadel befinden. Dann die neue Farbe nehmen und den Faden durch die beiden Schlaufen ziehen. Nun bist du gerüstet für die nächste Reihe.

SO WIRD'S GEMACHT

Beginne mit 7 Luftmaschen in Farbe A und häkle eine Grundreihe. Markiere dir mit einem Maschenmarkierer die mittlere Masche.
Jetzt wiederholst du für den Tuchkörper die nächsten 2 Reihen im tunesischen Grundstich fortlaufend so lange, bis du eine Spannweite von 1,30 m hast, das sind im abgebildeten Tuch 127 Maschen beidseits der markierten Masche:
1. Reihe: 1 Schlaufe aufnehmen = 2 Schlaufen auf der Nadel, 1 Zunahme, indem du die Nadel zwischen die nächsten beiden Maschen einstichst und eine neue Schlaufe herauf holst, bis zur markierten Mittelmsche häkeln, vor und nach der Mittelmasche eine Masche zunehmen, bis vor die letzten beiden Maschen häkeln, 1 Zunahme, die letzten 2 Maschen im Grundstich. Du hast in dieser Reihe 4 Maschen zugenommen. Die Rückreihe beginnst du hier mit 2 Luftmaschen, statt nur einer.
2. Reihe: 1 Luftmasche, 1 Masche direkt nach der Randmasche zunehmen, 1 Masche im Grundstich, 1 Zunahme, ohne weitere Zunahmen bis zu den letzten beiden Maschen im Grundstich häkeln, 1 Zunahme, 1 Grundstich, 1 Zunahme, Randmasche. Du hast in dieser Reihe ebenfalls 4 Maschen zugenommen, jedoch keine Zunahmen in der Mitte gearbeitet. Die Rückreihe wird nur mit einer Luftmasche begonnen.
Hast du die 127 Maschen oder deine gewünschte Größe erreicht, bist du bereit für deine Endkante. Arbeite nun das Relief-Mosaik nach der doppelten Musterschrift. Beginne für die 1. Hälfte mit den Maschen vor dem 1. Mustersatz, arbeite den Mustersatz = 16 Maschen 7 x und ende mit den Maschen nach dem 1. Mustersatz, häkle dann die Mittelmasche, die 2. Hälfte beginnst du mit den Maschen vor dem 2. Mustersatz, dann häkelst du den Mustersatz = 16 Maschen 7 x und endest mit den Maschen nach dem 2. Mustersatz. Wie in der Musterschrift gezeichnet, nimmst du in jeder Reihe beidseitig je 2 Maschen und in jeder 2. Reihe vor und nach der Mittelmasche je 1 Masche zu. Wenn du die Musterschrift einmal abgearbeitet hast, kettest du dein Tuch mittels Kettmaschen in Farbe A ab.
Gönn deinem neuen Meisterwerk nun ein kleines Bad zur Entspannung und trockne es dann im Liegen, es muss nicht zwingend gespannt werden.

MUSTERSCHRIFT

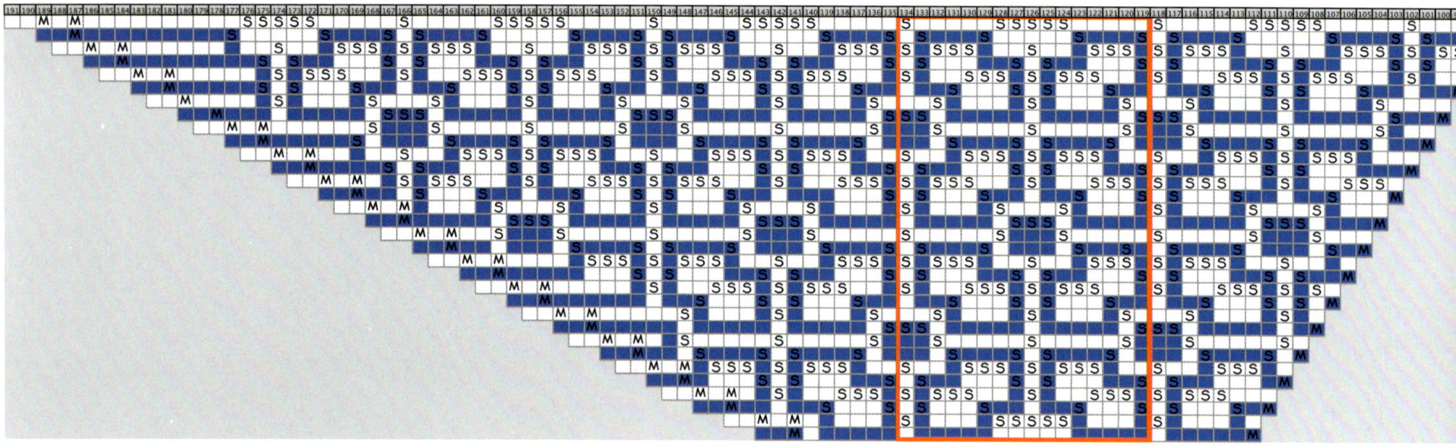

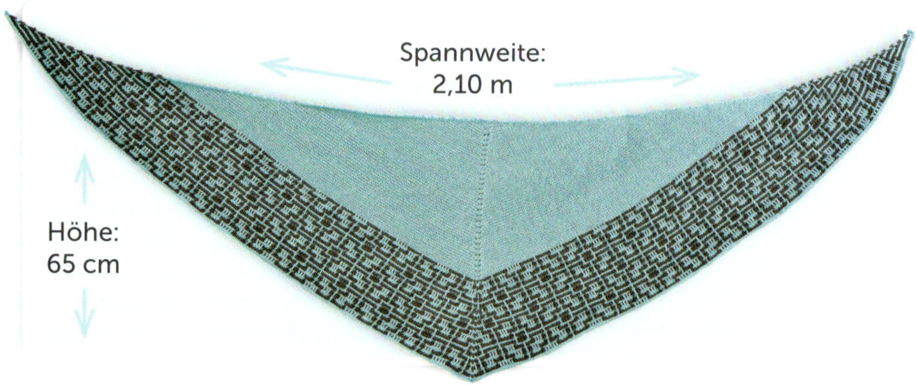

Raum für Individualität:

Du kannst deinen Tuchkörper zum Beispiel im tunesischen Strickstich häkeln. Oder füge deinem Tuchkörper ein paar Streifen oder Blockstreifen hinzu. An der Mosaik-Kante kannst du auch für Farbe A eine andere Farbe wählen.

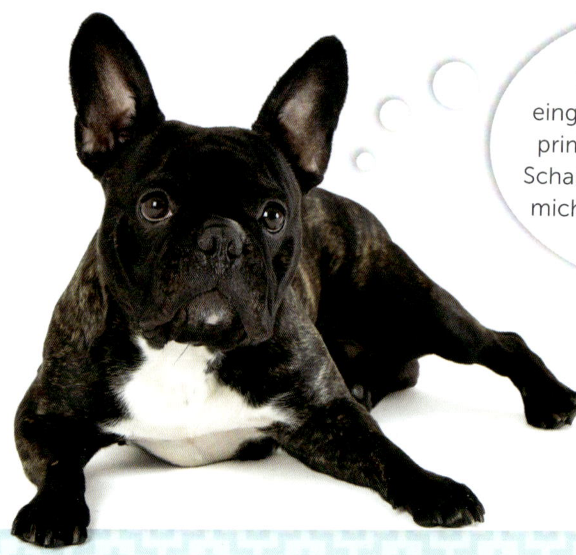

Werners Tipp:
Der Musterrapport im rot eingerahmten Bereich kann auch prima für eine Babydecke, einen Schal oder auch für eine Decke für mich genutzt werden. Wer häkelt mir die jetzt?

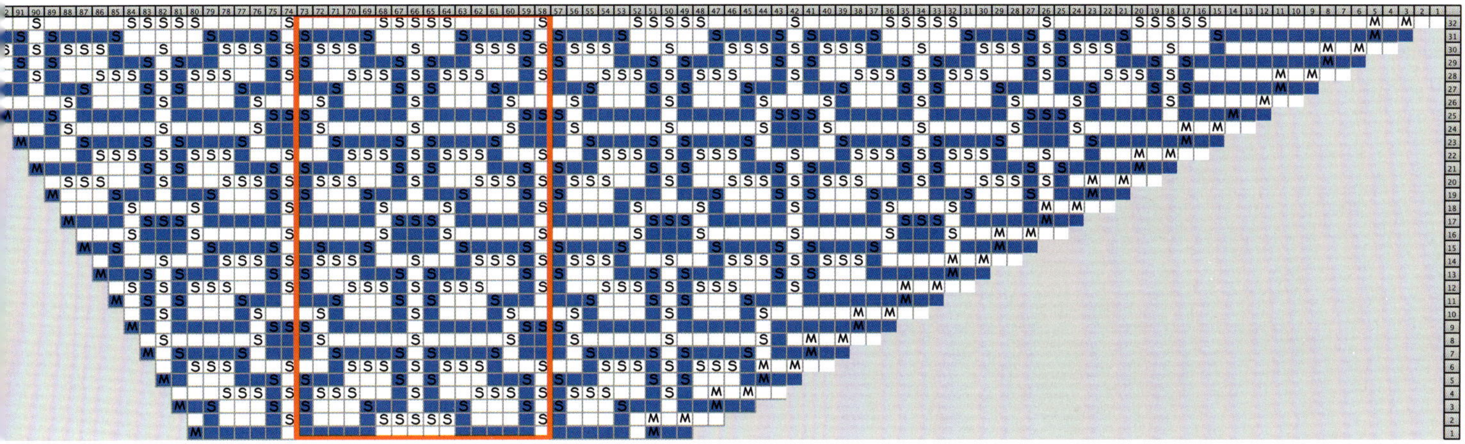

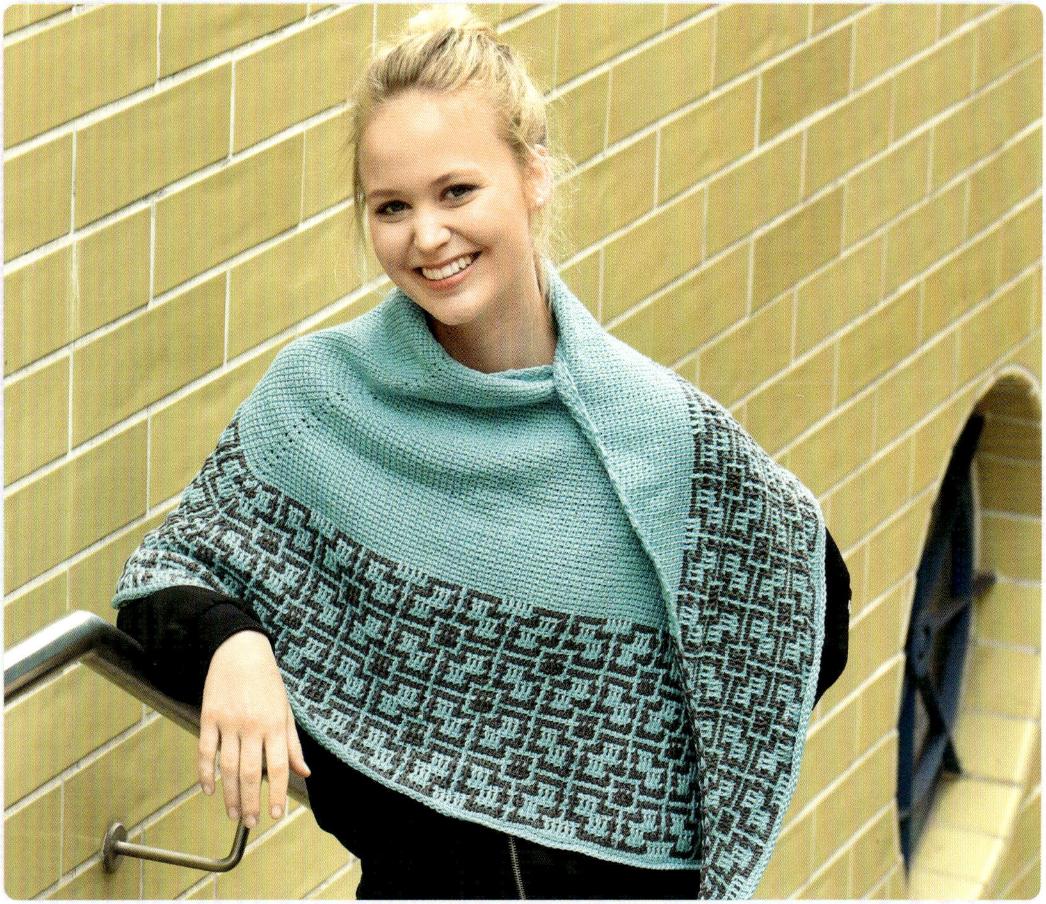

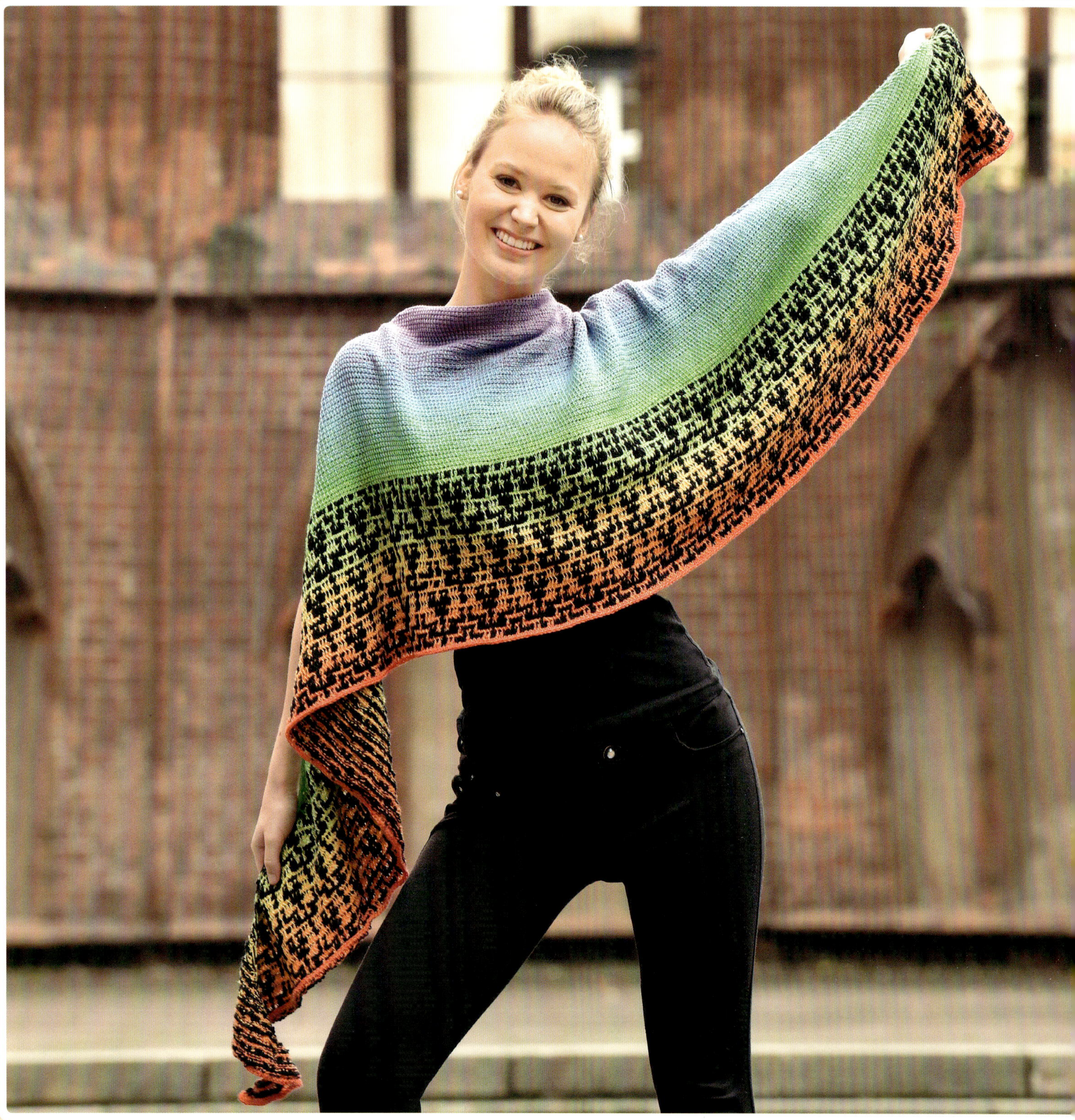

OVER THE RAINBOW

MATERIAL

- Scheepjes „Whirl“ (60 % Baumwolle, 40 % Polyacryl, Lauflänge 1000 m/215–225 g Bobbel): 1 Bobbel Jumpin Jelly (Farbe A).
- Scheepjes „Catona“ (100 % Baumwolle, Lauflänge 180 m/50 g): 200 g Schwarz (Farbe B)
- Eine tunesische Häkelnadel mit Seil 3,5 mm

Maschenprobe im Grundstich:
20 Maschen x 20 Reihen = 10 x 10 cm

Aufbau und Grundmuster:

Das Tuch hat eine längliche, halbrunde Form und wird im tunesischen Grundstich von der Mitte der oberen Kante aus gearbeitet. Der kleine Höcker, der am Anfang entsteht, wird beim Spannen später ausgeglichen, bildet aber auch, wenn er bleibt, eine schöne Welle am Hals. Nach dem Tuchkörper, der einfarbig gearbeitet wird, beendest du das Tuch mit der Mosaik-Kante. Ich empfehle dir hier eine tunesische Häkelnadel mit einem langen Seil, so haben die Maschen die Möglichkeit sich auszubreiten.

Beim Arbeiten nach der Musterschrift wird nach jeder Reihe die Farbe gewechselt. Der Farbwechsel funktioniert immer in einer Rückreihe, dabei wird abgemascht bis sich nur noch 2 Schlaufen auf der Nadel befinden. Dann die neue Farbe nehmen und den Faden durch die beiden Schlaufen ziehen, nun bist du gerüstet für die nächste Reihe.

SO WIRD'S GEMACHT

Beginne mit 5 Luftmaschen in Farbe A und häkle eine Grundreihe. Die Rückreihe beginnst du hier mit 2 Luftmaschen, statt nur einer. Jetzt häkelst du für den Tuchkörper im Grundstich weiter, dabei nimmst du in jeder Reihe wie folgt zu:
Reihe 1: 1 Luftmasche, 1 Masche direkt nach der Randmasche zunehmen, 1 Maschen Grundstich, 1 Zunahme, 1 Masche Grundstich, 1 Zunahme bis vor die letzten 3 Maschen im Grundstich häkeln, 1 Zunahme, 1 Masche Grundstich, 1 Zunahme, 1 Masche Grundstich, 1 Zunahme, Randmasche. Du hast in dieser Reihe 6 Maschen zugenommen. Die Rückreihe wird wieder mit 2 Luftmaschen begonnen.
Wiederhole die Zunahme-Reihe so lange, bis dein Tuch die gewünschte Größe erreicht hat. Die Endkante ist 20 cm breit, die solltest du beim Anpassen an deine Größe beachten. Im abgebildeten Fall haben wir den Bobbel komplett ausgenutzt und daher das Tuch sehr groß gearbeitet. Die gesamte Spannweite mit Endkante beträgt 2,60 m, so kann man sich schön hineinkuscheln und das Tuch auch als kurzen Poncho benutzen.
Deine Maschenzahl sollte vor der Endkante teilbar durch 12 plus 1 Masche sein, damit der Mustersatz aufgeht. Du kannst aber vor der Musterkante jederzeit auch verteilt ein paar Maschen hinzu oder weg mogeln, damit dein Mustersatz aufgeht. Das wird man später aufgrund der hohen Maschenzahl nicht mehr sehen. Hast du einen begrenzten Garnvorrat, so müssen von deiner Farbe A noch 50 % deines Garns für die Endkante übrig sein. Dann beginnt deine Musterkante im Relief-Mosaik, arbeite dafür die 1. Reihe in Schwarz. Der rot eingerahmte Bereich kennzeichnet den Mustersatz = 12 Maschen. Beginne jede Reihe mit den Maschen vor dem Mustersatz, wiederhole dann den Mustersatz und ende mit den Maschen nach dem Mustersatz. Die Zunahmen führst du wie gezeichnet fort. Nach der letzten Reihe der Musterkante kettest du alle Maschen mit festen Maschen in Farbe A ab.

Nun noch waschen und spannen und schon kannst du dein Tuch ausführen.

MUSTERSCHRIFT

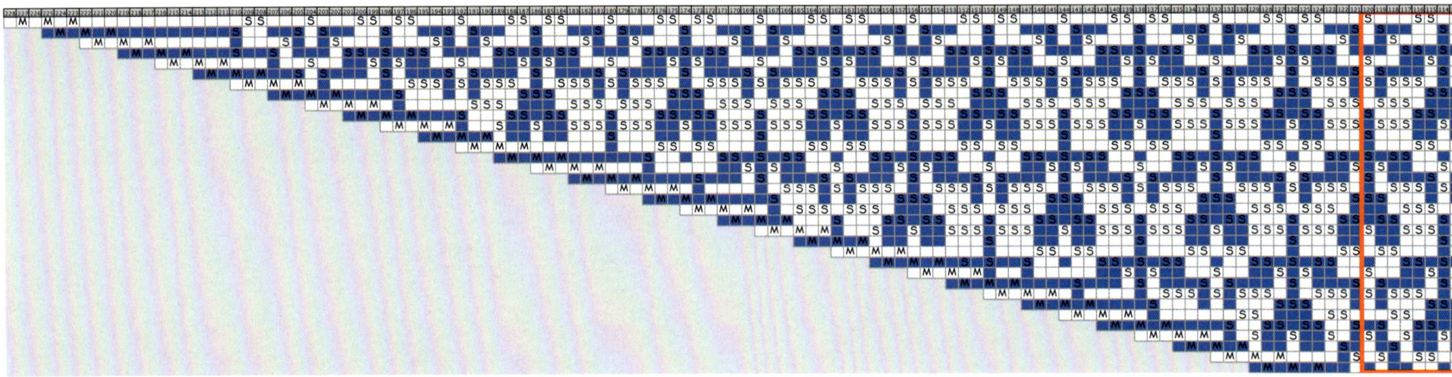

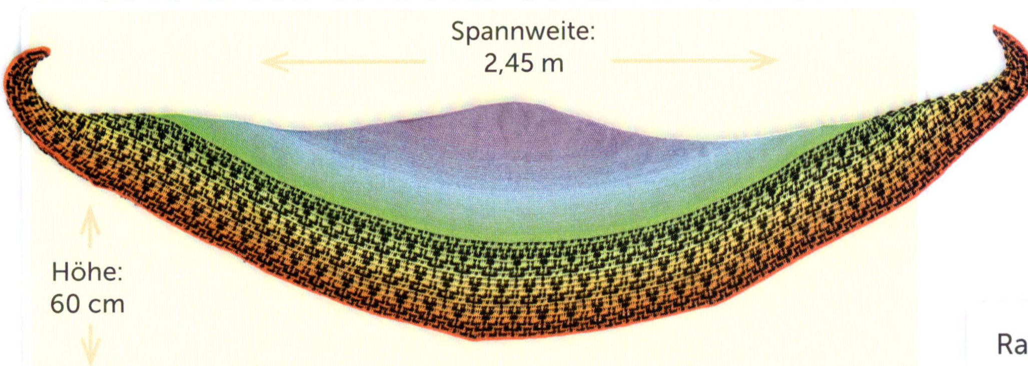

Raum für Individualität:

Du kannst natürlich auch dieses Tuch individualisieren, indem du die Farben in der Musterkante tauschst und deine Tulpen nicht in Schwarz, sondern in Farbe A arbeitest. Auch kannst du im Tuchkörper Streifen in Farbe B hinzufügen. Oder du häkelst deinen Tuchkörper im tunesischen Strickstich. Sehr schön wird der Tuchkörper auch, wenn er im tunesischen Warenmuster (1 Masche Grundstich, 1 linkstunesische Masche in jeder Reihe um 1 M versetzt) gearbeitet ist. Fühle dich hier ruhig frei, beim Tuchkörper ein anderes Grundmuster zu verwenden.

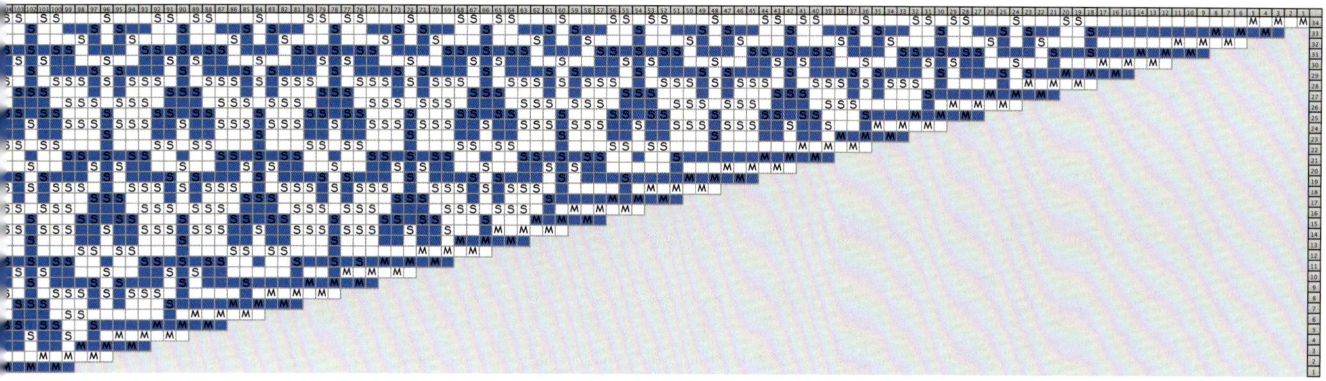

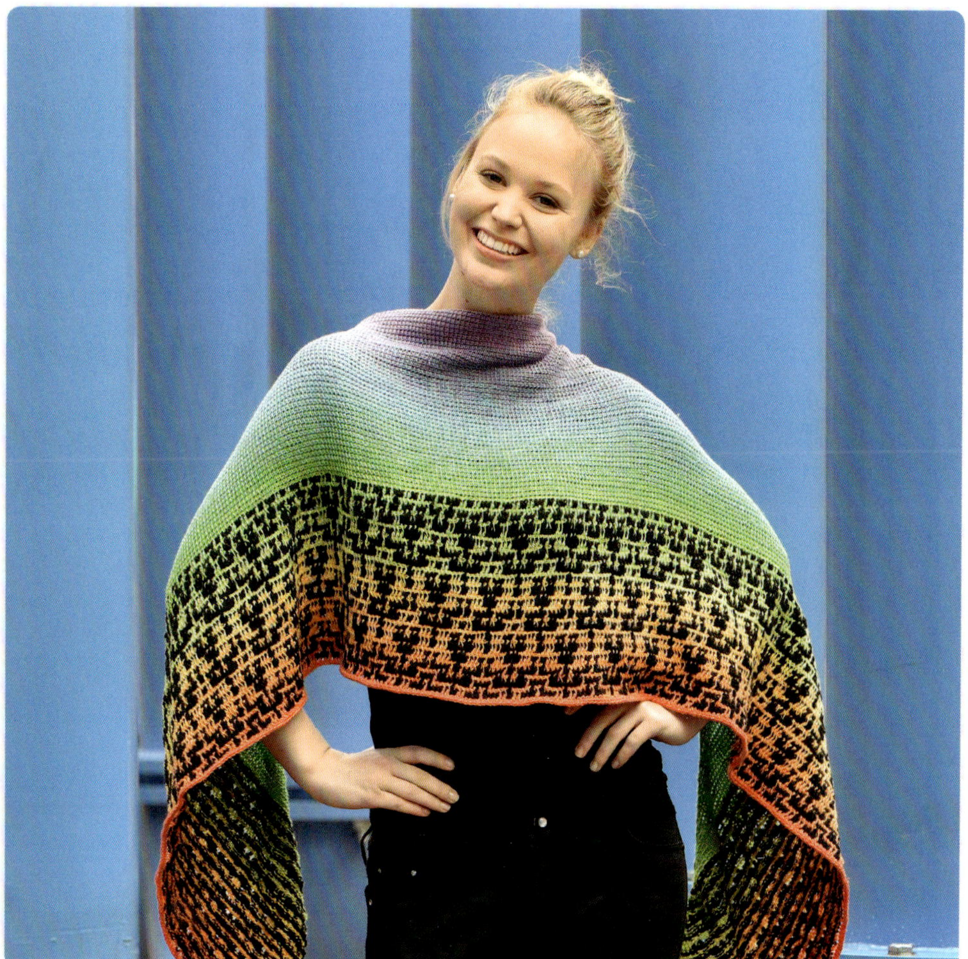

Im Tulpengarten spiele ich am liebsten – nicht immer zu Frauchens Freude

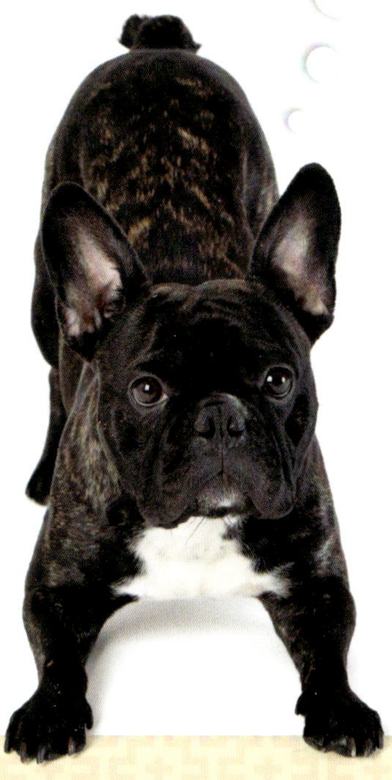

Impressum

Konzept & Designs: Sylvie Rasch
Fotos & Styling:
Manja Elsässer, Sylvie Rasch
Texte & Arbeitsfotos: Sylvie Rasch
Model: Antonia Heisse
Gesamtgestaltung und Satz:
GrafikwerkFreiburg
Reproduktion:
RTK & SRS mediagroup GmbH
Druck und Verarbeitung: Polygraf Print, Slowakei

ISBN: 978-3-8410-6514-8
Art.-Nr. 6514

Herstellerverzeichnis

- Austermann über
  Schoeller Süssen GmbH
  www.schoeller-wolle.de
- Gedifra über
  MEZ GmbH
  www.mezcrafts.com
- GGH
  Garngroßhandel Hbg
  www.ggh-garn.de
- GRÜNDL
  Großhandelshaus für Woll- und Kurzwaren
  www.gruendl-wolle.de
- Olana handgeärbte Wolle
  Carmen Rogge
  www.olana-wolle.de
- LANGYARNS
  www.langyarns.com
- LüttMarie handgefärbte Wolle
  Yvee Dähne
  www.de-de.facebook.com/LuettMarieWoll
- Pascuali e.K.
  www.pascuali.de
- Scheepjes
  9482 WL Tynaarlo, Niederlande
  www.scheepjes.com

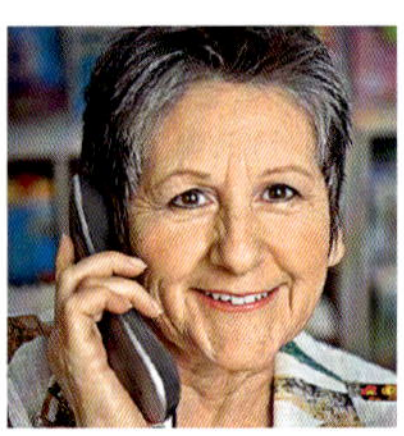

Kreativ-Service

Sie haben Fragen zu den Büchern und Materialien? Frau Erika Noll ist für Sie da und berät Sie rund um alle Kreativthemen. Rufen Sie an! Wir interessieren uns auch für Ihre eigenen Ideen und Anregungen. Sie erreichen Frau Noll per E-Mail: **mail@kreativ-service.info** oder Tel.: **+49 (0) 5052 / 91 18 58**

Besuchen Sie uns im Internet: **www.christophorus-verlag.de**